JN105911

事例に学ぶ
地域づくり

澤　俊晴【編著】
西村武司

大学教育出版

はじめに

　国は、30 年近く前のふるさと創生を嚆矢に、手を変え品を変えて地域の活性化に取り組み、最近でも、東京一極集中の是正を旗印に、地方創生が唱えられている。しかしながら、東京一極集中は依然として解消されず、地域活性化のはっきりとした成果は現れていない。

　その一方で、各地域では、独自の工夫の下、様々な取組みが積み重ねられ、局所的には地方創生の成功事例といってよいものが散見される。これらの事例の中には、全国的に知名度の高いものもあるが、あまり知られていないものも多くある。後者に光を当てることが、全国各地で地域活性化に取り組む者にとって、今後の活動のヒントになると考えた。これが本書執筆の動機である。

　本書が対象とする読者は、全国の地域づくり、地域活性化、地方創生等に従事する自治体職員、NPO 職員、農協等の公的団体の職員、任意団体のリーダー等である。地域づくりにおいて困難に直面している者や、これから地域づくりを始めようとする者は、本書の各章で詳述されるエピソードから示唆を得ることができるであろう。

　また、本書は、地域づくりに関連する授業の教科書や副読本として利用されることも想定している。地域づくりについて学び、地域に貢献したいと漠然と考えている学生は少なくない。本書では、地域づくりの考え方だけでなく、現場での出来事を具体的に知ることができる内容となっており、卒業後の行路を考えるきっかけとなるであろう。

　本書の執筆にあたっては、現場で活躍されている方々に、それぞれの経験を踏まえた地域づくりの秘訣の伝授をお願いし、それを受けて、現場での活動を調査してきた研究者がその内容を整理している。本書で取り上げる事例は、中国地方に限定されているが、その内容は全国各地に応用可能である。

　近年、地域づくりに関する事例は、インターネットから入手可能なものが多く存在する。しかしながら、インターネットから得られる地域づくりに関す

る情報は、成功した結果を強調するとともに、情報が断片的である。成功まで
の道程で、当事者たちは多くの困難に直面し、現場で奮闘し、失敗を経験して
きている。こうした情報が得られる点に、本書出版の意義があると確信してい
る。

　本書は2つの部から構成される。第1部「地域づくりを支える政策」では、
国や各地域における行政の立場から、地域づくりを支える政策が取り上げられ
る。

　各章の要約は以下のとおりである。

　まず、第1章「地域おこし協力隊の理想と現実 —— 東京一極集中・失業対
策から地域活性化対策への変容 ——」では、地域おこし協力隊に関する政策
の変容が取り上げられる。近年、地域おこし協力隊員は、全国各地の地域づく
りを担う存在として注目されており、成功事例も多い。一方、政策評価の観点
からは厳しい目が向けられる。本章では、当初の目論見とは異なる形で地域お
こし協力隊の政策が維持されていることが指摘され、地域づくりの根幹に関わ
る問題提起がなされる。

　第2章「大卒女性にとっての地方移住・定住と仕事 —— 長期定住までのプ
ロセスと仕事との関係性 ——」では、埼玉県から岡山県に移住した一人の女
性に焦点を当て、移住・定住し、仕事を獲得するまでの過程が詳述されている。
そこでは、女性が移住と定住を決意する際に、多様な要因が関係していること
が明らかにされる。特に、地域おこし協力隊としての活動を通した人脈と経験
が、その後の起業と定住の基礎を築いていることがわかる。

　第3章「地方創生とアートティスト」では、アーティストとしてのキャリア
形成と地域社会への貢献の両立の困難さが議論される。アーティスト・イン・
レジデンスといった地域社会に根ざしたアーティストの活動には、都市圏に
おけるアーティスト活動とは異なる障壁が存在するため、行政による支援だけ
でなく、地域社会からの理解が必要となる。本章では、近視眼的な成果主義や
アートへの無関心などが、地域社会におけるアーティスト活動を困難なものに
させていることに対して警鐘が鳴らされる。

　第4章「県境を越えたボトムアップでの広域観光連携 ── 鳥取中部圏域および岡山・蒜山地域 ──」では、鳥取県と岡山県の6市町にわたる広域観光連携が持続してきた要因が考察される。当該地域における連携は、古くからある地域間のつながりを背景に、相互補完的な観光地として、連携枠組みを柔軟に活用してきたことを特徴とする。通常、自治体の範囲を超えた広域連携には困難が伴う。本章では、広域観光連携が持続してきた要因が解き明かされる。

　第5章「学校運営能力向上のための取組み ── 学校事務職員が学校運営に参画するために ──」では、公立小学校、中学校等における働き方改革を背景に、学校事務職員に求められる学校運営能力について論じられる。前章の広域的視点とは異なり、組織内部に焦点が当てている点が対照的である。学校運営という組織管理の視点から、地域づくりにおける人的資源管理だけでなく、協働のあり方に対する新たな視座が与えられる。

　第2部「地域づくりに向けた取組み」では、各地域において実際に地域づくりを担ってきた当事者の視点を中心に、それぞれの取組みに焦点が当てられる。

　各章の要約は以下のとおりである。

　第6章「かのさと流ツーリズム ── 農山村の宝が輝くとき ──」では、中国・四国地方におけるグリーンツーリズムの先駆けである岡山県新見市のかのさと体験観光協会の約18年間の記録が綴られる。当事者ならではの観点から、都市農村交流における光の部分だけでなく、影の部分の詳細な描写が特徴である。地域づくりに従事しようとする者にとって示唆に富むエピソードが多く盛り込まれている。また、行政側からの関わり方についても示唆的である。本章には、地域づくりに取り組む上での心構えやヒントが凝縮されている。

　第7章「鷺島みかんじまプロジェクト ── 対話を通じた地域の素材開発 ──」では、瀬戸内海に浮かぶひとつの島の活性化プロジェクトが取り上げられる。島のブランディングを基礎として、地域特産物の商品開発だけでなく、イベント開催等によって観光客を迎え入れるための仕掛け作りが丹念に蓄積されてきたことにより、住民主体による島の活性化が実現していく。この過程におい

て、プロジェクト内外でのコミュニケーションがいかに重要であったかが強調される。本章では、きれい事では済まされない地域づくりの本質を垣間見ることができる。

第8章「日生カキオコ物語 —— 楽しみながらまちづくり ——」では、カキ産地のご当地グルメであるカキお好み焼きのプロモーション活動にまつわる物語が回想される。お好み焼き店に対する調査等、地道な活動にマスメディアを通じて火が付き、オーバーツーリズムの問題へと発展していく。この過程で、地元行政との連携の重要性だけでなく、仲間の存在が原動力となったことが示される。本章の物語から、地域づくりの活動の継続性の裏側には、「楽しいこと」の存在が必要であることがわかる。

第9章「山陽学園大学とNPO法人大島まちづくり協議会とのまちづくりにおける協働」では、大学とNPO法人の協働により、地域づくりが進められた事例の記録が綴られる。そこでは、地域づくりが地域外部の人材、特に大学生といった若い世代の力を必要としている実態が伝わってくる。ただし、地域にとって外部組織である大学が地域づくりに関わる場合、地域住民をはじめとした人間関係に注意を払うことが必要である。人間関係をうまく構築してはじめて、地域づくりが成功することになる。

第10章「伝統的な薄荷栽培の復活」では、かつて地元で大規模に栽培されていた薄荷の栽培を復活させようとする地域づくりの事例が取り上げられる。薄荷は生食に適さないため、商品開発が不可欠であり、その成功は、加工業者との出会いによって実現することが強調される。また、地域づくりには、こだわり、基礎知識、情報収集能力、そして、実行力を備えたリーダーの存在が不可欠であることも示唆される。さらに、その地域の歴史に根ざしたストーリーが意図的に構築され、消費者や観光客にアピールすることの重要性が示される。

各章は独立しているため、どの章から読み進めていただいても構わない。本書全体を通して、地域づくりが当初の計画通り順風満帆に進むとは限らないことがわかる。課題に直面するたびに、それを乗り越える方策が試行される。

　また、地域づくりは、その地域内で生活する人々によってのみ取り組まれることではないことがわかる。地域づくりを進めるうちに、地域内の人々の間で利害関係が生じ、大きな障壁として立ちはだかることもある。そうした利害関係をうまく調整しなければ前に進まない。地域の外の人々との交流や連携は、地域づくりに対する推進力となりうる。さらに、時には、政策による後押しが必要な場面も多々存在する。こうした過程における当事者の試行錯誤の中から、地域づくりのノウハウやヒントを少しでも感じ取っていただくことができたなら、本書を出版した意義がある。全国各地で取り組まれている地域づくりにとって、本書が役立つことを切に願いつつ、読者諸賢にこの判断を委ねたい。

編者　澤　俊晴

西村武司

事例に学ぶ地域づくり

目　次

はじめに ……………………………………………………………………………… i

第1部　地域づくりを支える政策

第1章　地域おこし協力隊の理想と現実
　　　　― 東京一極集中・失業対策から地域活性化対策への変容 ― …… *2*
　第1節　序盤 ― 制度設計と現況 ―　*3*
　第2節　中盤 ― 政策変容 ―　*7*
　第3節　終盤 ― 政策終了 ―　*14*

第2章　大卒女性にとっての地方移住・定住と仕事
　　　　― 長期定住までのプロセスと仕事との関係性 ― ……………… *20*
　第1節　はじめに　*20*
　第2節　人口移動とジェンダー、学歴、就職の関係　*21*
　第3節　岡山県和気郡和気町の女性の事例　*23*
　第4節　考察　*31*
　第5節　おわりに　*33*

第3章　地方創生とアーティスト ……………………………………… *35*
　第1節　はじめに　*35*
　第2節　アーティストの活動について　*37*
　第3節　アーティストの活動における問題　*42*
　第4節　成果主義の弊害　*45*
　第5節　おわりに　*48*

第4章　県境を越えたボトムアップでの広域観光連携
　　　　― 鳥取中部圏域および岡山・蒜山地域 ― ……………………… *52*
　第1節　はじめに　*52*
　第2節　両地域の概要　*54*

第3節　広域観光連携の推進体制および具体的取組み　*60*

第4節　両地域の広域観光連携が持続している要因　*68*

第5節　今後の課題　*69*

第5章　学校運営能力向上のための取組み
　　　　― 学校事務職員が学校運営に参画するために ― ………………… *74*

第1節　本章の目的　*74*

第2節　学校事務職員について　*75*

第3節　学校事務職員に学校運営能力が求められる背景と理由　*75*

第4節　学校事務職員に求められる学校運営能力について　*79*

第5節　研修での取組みについて　*80*

第6節　今後の課題　*82*

第7節　終わりに　*83*

第2部　地域づくりに向けた取組み

第6章　かのさと流ツーリズム ― 農山村の宝が輝くとき ― ……………… *88*

第1節　プロローグ～唱歌と重なる風景　*88*

第2節　「ごみと疲れ」から「喜びの共受」　*89*

第3節　現場に責任を持つ　*91*

第4節　棚田保全と食育キャンプ　*93*

第5節　ネーミングと自立した活動　*95*

第6節　ネットワーク型活動とコラボ　*96*

第7節　かのさとの心「受容」　*98*

第8節　農山村の理解者を増やす　*99*

第9節　つながりとポイント制度の夢　*101*

第10節　ホームファーマーと「萬歳じゃが」　*103*

第11節　ダムカレーとクアオルト　*105*

第12節　エピローグ～女子高生たちとのコラボ　*107*

第7章　鷺島みかんじまプロジェクト―対話を通じた地域の素材開発―　*110*

第1節　日本一新幹線駅から近い離島 佐木島　*110*

第2節　プロジェクトの立ち上げ　*111*

第3節　各事業の取組みとこれまでの成果　*113*

第4節　直面した課題と実践したこと　*120*

第5節　これからの取組みと目標　*123*

第8章　日生カキオコ物語 ― 楽しみながらまちづくり ―　……………　*125*

第1節　はじめに　*125*

第2節　日生カキお好み焼き研究会　*126*

第3節　カキオコ研究会的手法　*132*

第4節　日生カキオコの経済効果とオーバーツーリズム　*137*

第5節　まちづくりに終わりはない　*141*

第6節　おわりに　*144*

第9章　山陽学園大学とNPO法人大島まちづくり協議会とのまちづくりに
　　　　おける協働　………………………………………………………　*146*

第1節　はじめに　*146*

第2節　笠岡市大島地区の概要　*147*

第3節　笠岡市大島地区が抱える問題点　*147*

第4節　大島まちづくり協議会の結成と取組み　*148*

第5節　NPO法人大島まちづくり協議会設立　*149*

第6節　山陽学園大学とNPO法人大島まちづくり協議会の協働　*150*

第7節　連携協力協定を締結　*152*

第8節　歴史サミットの開催　*154*

第9節　地域特産品"大島バーガー"が笠岡ブランドになるまで　*155*

第10節　マリンピア大島体験ツアー協議会による渚泊事業　*157*

第11節　おわりに　*159*

第10章　伝統的な薄荷栽培の復活 ……………………………… *161*

第1節　はじめに　*161*

第2節　岡山県における薄荷栽培の歴史　*162*

第3節　薄荷による地域づくり　*165*

第4節　薄荷の復活へ向けた様々な企業・団体による取組み　*175*

コラム：日本ハッカ復活プロジェクト　*178*

執筆者紹介 ………………………………………………………… *184*

第1部

地域づくりを支える政策

第 1 章

地域おこし協力隊の理想と現実
── 東京一極集中・失業対策から地域活性化対策への変容 ──

『平成 30 年度版　過疎対策の現況』（令和元年 12 月・総務省）によれば、地域おこし協力隊とは、「地方公共団体が三大都市圏をはじめとする都市地域等から、過疎地域等の条件不利地域に住民票を移動するとともに、生活の拠点を移した者を地域おこし協力隊員としておおむね 1 年以上 3 年以下の期間で委嘱し、地域ブランドや地場産品の開発・販売・PR や、農林水産業への従事及び住民の生活支援などの地域協力活動に従事してもらいながら、当該地域への定住・定着を図る取組」とされている。

本章は、この「地域おこし協力隊」という政策の変容を取り上げる。

「地域おこし協力隊」という政策は、「農山村の現場からの要請に応え、財政原則の大きな壁を崩した画期的な仕組み」[1] とされ、成功した政策として一般的に高い評価を受けている。実際、地域おこし協力隊員を主人公にしたドラマが製作され、あるいは、地域おこし協力隊員の活躍を紹介する書籍も出版されている。

地域おこし協力隊を対象とした論攷も多く、その内容は、協力隊員へのインタビューやアンケート調査などをもとに、その現状や成果、評価や成功要因の分析、今後の課題を取り上げ、あるいは、制度設計・運営の改善策を提言するものが主流となっている。

本章は、それらの研究とは視角を変えて、地域おこし協力隊を「政策」として捉え、その「政策」が十数年にわたって実施される中で、どのように変容してきたのか、そしてそれは何を意味するのかについて検討する。

第1節　序盤 ― 制度設計と現況 ―

1　地域おこし協力隊の制度概要

地域おこし協力隊制度は、総務事務次官通知「「地域おこし協力隊」の推進について」（平成21年3月31日総行応第38号）によって創設された。

総務事務次官通知では、具体的な制度内容を定めた「地域おこし協力隊推進要綱」が示され、また、同日付けの総務省地域力創造審議官通知「地域おこし協力隊の推進に向けた財政措置について」により、地域おこし協力隊に取り組む市町村に必要な経費について、特別交付税措置が行われる旨が明らかにされている。

その後、頻繁に「地域おこし協力隊推進要綱」の改正が行われるとともに、財政措置についても拡充が図られ、2020（令和2）年4月1日時点では、次のような制度設計となっている。

まず、地方自治体は都市地域等（3大都市圏内の都市地域、政令指定都市及び3大都市圏内の一部条件不利地域のうち条件不利区域以外の区域）の応募者の中から「地域おこし協力隊員」を委嘱する。応募の要件は、過疎地域等の条件不利地域（3大都市圏以外の全ての市町村及び3大都市圏内の条件不利地域）に住民票を移動させ生活の拠点を移すことである。

次に、地域おこし協力隊員は、おおむね1年以上3年以下の期間、地域で生活し、農林漁業の応援、水源保全・監視活動、住民の生活支援などの各種の「地域協力活動」に従事しながら、その地域への定住・定着を図る。

地域協力活動とは、具体的には、地域おこしの支援、農林水産業従事、水源保全・監視活動、環境保全活動、住民の生活支援、健康づくり支援、野生鳥獣の保護管理、有形民俗資料保存、婚活イベント開催などをいい、特別な資格やスキルを必要とせず、健康で車の免許さえあれば従事可能な内容となっている。

なお、この地域協力活動の例示は、制度創設時の「地域おこし協力隊推進要

綱」で掲げられていたものに若干の事例の追加があるほかは、ほとんど変更はない。

　最後に、総務省は、地方自治体による地域おこし協力隊推進の取組みについて必要な支援を行うとされ、具体的には、地方自治体に対し、地域おこし協力隊員の活動に要する経費として一人当たり上限440万円、地域おこし協力隊員の起業・事業承継に要する経費として一人当たり上限100万円、地域おこし協力隊員の募集等に要する経費として一団体当たり上限200万円、地域協力活動の体験プログラムに要する経費として一団体当たり100万円の特別交付税措置を講じるとしている。

　要するに、条件不利地域を抱える地方自治体が、地域協力活動に従事する人材を地域おこし協力隊員として委嘱し、都市地域から当該地域へ移住（最長3年間）させる取組みを行った場合に、地域おこし協力隊員の活動に要する経費などについて総務省が特別交付税措置をするという制度である。

　ここで、「特別交付税」について若干の説明をしておく。

　東京のように大企業の本社などが集中する地域と、立地企業のない地域とでは経済格差があり、そのため地方自治体間には税収差が生じる。これを放置すると税収の少ない地域では、最低限必要な行政サービスが提供されず、ナショナル・ミニマムが確保されないこととなる。

　この問題を解消するために設けられているのが地方交付税制度であり、地方交付税とは、使途が限定されない一般財源として国から地方自治体へ移転される資金のことをいう。地方交付税制度があることで、どこに住んでいても一定程度の行政サービス（ナショナル・ミニマム）が確保され（財源保障機能）、税収格差が是正されている（財政調整機能）。

　地方交付税は、普通地方交付税と特別地方交付税に分けられており、普通地方交付税は客観的な基準に基づき画一的かつ機械的に算定されるが、それ故に、災害など特別な事情によって発生した財政需要には対応できない。

　そのため、普通交付税の「算定に反映することのできなかった具体的な事情を考慮して交付され…、いわば普通交付税の機能を補完して、地方交付税制度全体としての具体的妥当性を確保するための制度」[2]として、特別交付税が設

けられている。特別交付税は、地方交付税総額の6%に相当する額（地方交付税法第6条の2第3項）とされている。

　地域おこし協力隊に要する経費は、この「特別交付税」として算定され、各地方自治体に交付される。

2　地域おこし協力隊の普及状況

　総務省の地域おこし協力隊についてのウェブサイトによれば[3)]、全国の地域おこし協力隊員数は、令和元年度で総数5,349人であり、実施自治体数は1,071である。都道府県と市町村の数が合わせて1,788であるから、約6割の地方自治体が地域おこし協力隊を導入していることになる。

　地域おこし協力隊員の受入数は、多くの地方自治体で一桁であるが、なかには隊員数が40名を超える北海道東川町のような地方自治体もある（総務省「地域おこし協力隊の活躍先（受入れ自治体一覧）」令和元年度）。

　岡山県内では、県内27自治体のうち23自治体で地域おこし協力隊員を導入しており、総数は136名である（2020（令和2）年4月1日時点）。西粟倉村が31名と最も多く受け入れており、次いで井原市の13名であり、残りの地方自治体は一桁である。制度創設以来の延べ隊員数は394名となっている。

　次に、どういった人たちが地域おこし協力隊員となっているのかを見てみる。

　一般社団法人移住・交流推進機構が行ったアンケート調査によれば[4)]、地域おこし協力隊員になる直前の職歴の最多は「フルタイムの正社員・正職員」で46%を占めており、次いで「フルタイムの契約社員・契約職員」が13%、「パートタイムの社員・職員、アルバイト」と「自営業、個人事業主、フリーランス」が同率の12%となっている。

　ほぼ半数が、フルタイムの正社員・正職員であり、安定した職を捨てて地域おこし協力隊員となっていることがわかる。しかし、このアンケート調査からは、地域おこし協力隊員にどのような人が応募し、委嘱されているのかイメージが掴みづらい。そのため、2冊の書籍からの限られた事例であるという、一定のバイアスがあることに留意しつつ、地域おこし協力隊員の出自を整理して

みる。

　1冊は、2015（平成27）年9月に出版された『地域おこし協力隊 日本を元気にする60人の挑戦』（椎川忍ほか編著、学芸出版社）、もう1冊は2019（平成31）年2月に出版された『地域おこし協力隊 10年の挑戦』（椎川忍ほか編著、農山漁村文化協会）である。両書で合わせて60名強の地域おこし協力隊員（元を含む）が紹介されており、そのうち40数名については、出身大学が明らかにされている。

　その大学名を列記すると、東京大学大学院、大阪大学大学院、山形大学大学院、近畿大学大学院、國學院大学大学院、東北芸術工科大学大学院、京都大学、広島大学、愛媛大学、京都府立大学、滋賀県立大学、高知県立大学、早稲田大学、慶應義塾大学、中央大学、明治大学、法政大学、日本大学、専修大学、清泉女子大学、北海学園大学、東海大学、武蔵野大学、拓殖大学、白鷗大学、武蔵野美術大学、京都造形芸術大学、東北芸術工科大学、東京国際大学、北海道科学大学、東京農業大学、東京家政大学短期大学、第一工業大学、文教大学、国際武道大学である。

　一見して分かるように、旧帝国大学をはじめとした国公立大学、早稲田大学や慶應義塾大学といった有名私立大学の出身者が目立ち、しかも大学院出身者もいることが目を引く。

　つまり、有名大学（大学院）出身者が、一度、定職に就いた後に、その身分を投げ捨てて、地域おこし協力隊員として地方の条件不利地域に飛び込んでいるというイメージである。

　実際、岡山県真庭市のある地域おこし協力隊員は、退任後も地域に残って廃校舎の利活用やカフェの営業などで活躍しているが、元々はレストランなどの飲食店を展開する会社の部長や関連会社の社長を務めていた[5]。

　また、同じく岡山県真庭市のある地域おこし協力隊員は、インターナショナルシェアハウス開業資金調達プロジェクトを立ち上げ、クラウドファンディングで目標金額をクリアしているが[6]、海外の大学を卒業し日本有数の航空会社に勤務した経歴を持っている[7]。

　その他にも、岡山県美作市の地域おこし協力隊OBは、2018年5月に「一

般社団法人岡山県地域おこし協力隊ネットワーク」を設立し、「岡山県の隊員向け研修を受託しているほか、隊員の個別サポートや、市町村の受入れ体制の構築支援など実施している」[8] が、地元の国立大学の出身者であり、大学在学中には国際協力活動に取り組んでいたようである [9]。

　なお、おそらく、このような地域おこし協力隊員の取組みを受けて、平成31年3月27日付けの「地域おこし協力隊推進要綱」の改正では「地域協力活動の体験プログラムに要する経費」が都道府県又は市町村の取組みに対する財政措置として盛り込まれ、令和2年4月1日付けの「地域おこし協力隊推進要綱」の改正では「地域おこし協力隊員OB・OGを活用した現役隊員向けのサポート体制の整備に要する経費」が都道府県の取組に対する財政措置として盛り込まれている。

　そのほかにも、地域おこし協力隊の活躍を取り上げる書籍や論文も多く、地域おこし協力隊の活躍を紹介しだすと、枚挙に暇がないほどである。

　それでは、このようなスキルと高い専門性を持った高学歴の「地域おこし協力隊員」の活躍は、「地域おこし協力隊」の創設という政策立案の時点から想定されていたものなのだろうか。

　次に、この点を取り上げる。

第2節　中盤 ― 政策変容 ―

1　当初の政策目的

　地域おこし協力隊は、前述したように平成21年3月31日付け総務省通知から始まっている。

　しかし、その芽は、その約3か月前に総務省から示された「地域力創造プラン」（平成20年12月19日）に見ることができる。

　地域力創造プランは、当時の総務大臣である鳩山邦夫の名を取って「鳩山プラン」とも呼ばれたが、地域おこし協力隊は、そのプランの三つの柱のうち、2本目の柱である「地域連携による「自然との共生」の推進」の一部に組み込

まれている。

　具体的には、「自然保護活動等へ都市住民が参画する仕組み作りやCO2排出削減活動の促進」の一環として「都市住民を「地域おこし協力隊員（仮称）」として長期派遣」すると記載されており、ここで仮称であるが、地域おこし協力隊員という表現が記載されている。

　そして、注目すべきは、その設置目的である。地域おこし協力隊（仮称）は、「自然保護活動等へ都市住民が参画する仕組み作りやCO2排出削減活動の促進」が目的とされ、その具体的な取組内容として「働き手を都市から農山漁村へ」移すことが掲げられている。

　そこでは「意欲ある都市住民（若者等）を、農山漁村が「地域おこし協力隊員（仮称）」として受け入れ」ることで、「（協力隊員の定住・定着も視野に）地域への貢献や、地方での生活を望む都市住民（若者等）のニーズに応えるとともに、人口減少・高齢化に悩む地方（受け入れ側）を活性化」するとしている。つまり、若者を中心とした都市住民を地方へ移住させることそのものが目的であり、移住＝地方の人口減少・高齢化対策であるという発想である。そこには、移住する人たち（地域おこし協力隊員）による地域活性化の取組みは視野に入っていない。

　では、地域力創造プランは、条件不利地域での活性化の取り組みを放棄しているのかというと、そうではない。地域力創造プランでは、その3本目の柱として「条件不利地域の自立・活性化の支援」を掲げ、「集落の維持・活性化対策」は「「集落支援員」による集落点検の促進等」によって対応することとされている。つまり、現在、地域おこし協力隊員が担っている条件不利地域の活性化の取組みの多くは、本来は「集落支援員」が担当すると想定されていたと考えられる。

　では、なぜ、地域おこし協力隊は、「働き手を都市から農山漁村へ」という看板の下で推進されることになったのか。

　結論を先に述べると、その背景には、都市部における人口集中と若年失業者の解消の二つの狙いがあったと思われる[10]。

　都市圏、特に東京圏は、バブル期には大幅な転入超過であったが、バブル崩

壊後は人口流入が沈静化していた。しかし、2000年代に入ると大幅な転入超過が続き、それに反比例した地方圏の転出超過が拡大していた。しかも、2008（平成20）年には日本全体の人口が減少に転じていたにもかかわらず、この傾向に変化がなかった。東京一極集中問題は、戦後一貫して問題視されてきた政策課題であるが、日本全体が人口減少に突入する局面においては、より切実さを増して、いかに地方圏から東京圏への人口流出を抑制するかが問題となっていた。その流れから2014（平成26）年9月には、「まち・ひと・しごと創生本部」が内閣府に設置され、同年12月には「東京一極集中」の是正を基本的視点の一つとする「まち・ひと・しごと創生長期ビジョン」（平成26年12月27日閣議決定）が策定されるに至っている。

　地域おこし協力隊創設の背景には、長期的スパンでは、このような東京一極集中問題があると考えられ、また、短期的には、この当時、世上を賑わせていたリーマン・ショックに起因する若年層の雇用問題への対応があったと考えられる。

　2008（平成20）年9月に米国で発生したリーマン・ショックは、瞬く間に世界的な金融危機に拡大し、日本も深刻な景気後退に陥った。その結果、若年層の失業率が上昇し始め、2010（平成22）年3月卒の新卒採用予定は、前年度に比べて大幅に落ち込むことが予想されていた。そのため、2009（平成21）年7月には、内閣府特命担当大臣（経済財政政策）の下に、若年層の雇用対策に取り組む府省横断的な「若年雇用対策プロジェクトチーム」が設置されている。

　この若年雇用対策プロジェクトチームが取りまとめた「若年層に対する重点雇用対策（案）」（平成21年8月26日）では、若年雇用の現状について、「若者の雇用をめぐる状況は厳しい。2003年以降我が国の雇用情勢が改善を続けていた時期においても、若年層の失業率は全体の失業率を大幅に上回り、そして、昨年秋の世界金融危機を受けて急速に悪化している」「今回の経済危機の中で、こうした非正規雇用者で多く見られる解雇や雇い止めの問題が深刻となっている。また、いわゆる「ニート」と呼ばれる、教育訓練を受けず、就労することもできないでいる若者が60万人強の水準で推移している」「加えて、2010年3月卒の新卒者は、採用計画（6月調査）が前年度比で23％も大幅に

落ち込むなど厳しい状況が予想される」「バブル崩壊後の第2の「ロスト・ジェネレーション」になることも懸念されている。今後の事態の推移に予断は許されない」と非常に厳しい見方が取られている。

当時は、このような若年失業者の問題が、政治課題としてクローズアップされており、地域おこし協力隊創設には、その対策としての意味もあったと考えられる。実際、制度創設時の「地域おこし協力隊の推進に向けた財政措置について（平成21年3月31日付け通知）」では、地域おこし協力隊に要する経費について、リーマン・ショック後の世界的な金融危機に対応した経済対策・雇用対策である「平成20年度第2次補正予算における地域活性化・生活対策臨時交付金により造成した基金や「ふるさと雇用再生特別交付金」を活用」することも可能である旨が、わざわざ記載されている。

地域おこし協力隊制度創設の背景には、長期的には東京一極集中問題、短期的には都市部の若年失業者問題があったことに留意する必要がある。

さらには、2007（平成19）年10月に第1回が開催された「地域活性化統合本部会合」に象徴される都市再生から地方再生へという動きも底流にあったと考えられる[11]。そのため、地域おこし協力隊員の要件に、東京・大阪・名古屋の3大都市圏をはじめとする都市地域から地方へ住民票を移すことが挙げられているのであろう。なぜなら、住民基本台帳に基づいて統計をとる限り、住民票を移さなければ、地方への人口移動は数字として表れず、数字として表れなければ、成果を測ることができないため、政策評価（レビュー）ができない。この点からも、地域おこし協力隊の目的が、条件不利地域の活性化よりも、地方への人口移動と若年失業者問題の解消にあったことが裏付けられるであろう。

2 政策内容の変化

平成21年3月31日付けの総務事務次官通知で制定された「地域おこし協力隊推進要綱」は、その後、何度も改正されている。改正内容を整理すると、最初の改正である平成25年3月29日付けの一部改正では、各地方自治体に対し地域おこし協力隊の「設置要綱等」の策定や、総務省の関連団体である

「全国的な地域づくり推進組織」との連携が求められるようになっている。

　なにより、制定時の要綱では、地方自治体の役割として、「地方自治体は、独自に広報・募集等の活動を行ったり、NPO法人や大学等の実施する様々な事業を活用したりすることにより、都市住民を受け入れ、当該都市住民を地域おこし協力隊員として委嘱し、地域協力活動に従事させる」（傍点著者）とされていた規定が、「地方自治体は、設置要綱等を策定した上で広報・募集等を行い、地域おこし協力隊員とする者を決定し、当該者を地域おこし協力隊員として委嘱し地域協力活動に従事させる」と改正され、「都市住民を受け入れ」るという言葉が削除されている。

　おそらく、リーマン・ショックから5年が経過し雇用問題が一段落したこと、この間、東京圏への転入者数が減少していたことから（ただし、統計上は、後に2012（平成24）年から再び増加に転じている。）、当初の都市部における若年失業者対策や東京一極集中問題への対策としての意義を前面に押し出す必要がなくなったことを反映していると考えられる。

　また、要綱制定時にはあった集落支援員との棲み分け規定（第4（4））も削除されている。これは、この時期には、既に地域おこし協力隊員と集落支援員の線引きが曖昧になってきたことを反映していると考えられる。

　平成25年の改正に続いて、平成26年12月3日付けで更に改正が行われている。この改正により、地域おこし協力隊員の活動に要する経費として、「地域おこし協力隊最終年次又は任期終了翌年の起業する者の起業に要する経費」が認められることとなった。

　地域おこし協力隊員が移住・定住する方法として、就職、結婚、起業の三つが考えられるが、「起業」は制度創設当初のメインターゲットではなかったと思われる。しかし、その後、政策立案者の予想以上に任期終了後に起業をする元地域おこし協力隊員が増え始め、また、平成26年6月24日に閣議決定された「日本再興戦略改訂2014」で「産業の新陳代謝の促進」が掲げられ、成果指標（KPI）として「開業率10%台（現状約5%）を目指す」とされたことから「起業」支援の必要性が強く求められたため、起業に要する経費を特別交付税措置の対象としたものと思われる。

　この点からも、当初の地域おこし協力隊制度は、おもに都市部の若年失業者を条件不利地域に移住させて農林業等の肉体労働に従事させることを目的しており、経営といった頭脳労働ができるような若者が移住することをさほど想定していなかったと思われる。「起業」ができるような優秀な若者は、都市部でしっかりと稼いでもらうと考えられていたのであろう。

　さらに、平成29年3月24日付けの改正では、「地域協力活動に不可欠であり専門性の高いスキルや経験を有する地域おこし協力隊員」の報償費等の上限が引き上げられている。高度な専門的スキルや経験を有するか否かで差を設ける財政措置が制度創設から10年近く経過した段階で打ち出されたことからも、制度創設当初には、地域おこし協力隊員に「専門性の高いスキルや経験を有する」者がなることを想定していなかったことは、明らかである。

　そして平成30年7月2日付けの改正では、平成26年12月3日付け改正で認められた「起業に要する経費」に加えて「事業承継に要する経費」も財政措置の対象とされている。これは、優れた企業経営能力のある若者が地域おこし協力隊員となっていることの証左であろう。その後も平成31年3月27日付けで改正が行われているが、本章とは直接関係しない内容であるため割愛する。

　直近の令和2年4月1日付けの改正では、「地域協力活動に不可欠であり専門性の高いスキルや経験を有する地域おこし協力隊員」の報償費等の上限が更に引き上げられており、かなり高度なスキルを有する者が協力隊員になっていることを 窺 わせる。

　また、地域おこし協力隊員の地域要件（地域おこし協力隊推進要綱の「生活の拠点を3大都市圏をはじめとする都市地域等から過疎、山村、離島、半島等の地域に移し、住民票を移動させた者」の具体的な要件）が、当初の3大都市圏内の都市地域に居住する者のみから、政令指定都市や3大都市圏以外の都市地域に居住する者へと拡大していることからも、東京一極集中問題の解消という地域おこし協力隊の創設当初の政策目的の焦点がズレてきていることがわかる。

3　目的からの逸脱

　地域おこし協力隊という政策の当初の真の目的は、リーマン・ショック後の金融危機において都市部で激増した若年の失業者を地方に送り出すことで雇用改善を図るとともに、合わせて東京一極集中問題対策として地方への人口移動を促すことであり、地方における地域活性化は二の次であったと考えられる。

　若年失業者の多くは、専門性もスキルも持っていないため、当然、企画立案能力やコミュニケーション能力が求められるような「地域協力活動」を行うことは想定されておらず、健康で車の免許さえあれば誰でもできる、いわゆる肉体労働に従事することが主に想定されていたと思われる。

　それに対して、地方の中でも条件不利地域など状況が厳しい地域において、スキルと専門知識を持って、その活性化を担うことが期待されていたのは「集落支援員」であった。

　集落支援員は、集落点検の実施や、集落での話し合いに際してアドバイザー・コーディネーターとして参画・支援を行う者であり、地域の実情に詳しく、集落対策の推進に関してノウハウや知見を有する者が充てられることとされている[12]。この集落支援員も地方自治体から委嘱され、集落支援員の活動等に要する経費は特別交付税により措置されており、基本的な仕組みは、地域おこし協力隊と同じである。

　集落支援員制度は、地域おこし協力隊制度創設とほぼ同時期の平成20年8月1日付けの総務省自治行政局過疎対策室長通知「過疎地域等における集落対策の推進について」（総行過第95号）によりスタートしている（現在は、「過疎地域等における集落対策の推進要綱」に衣替えをしている。）。

　おそらく、地域おこし協力隊制度の創設当初は、この集落支援員制度との棲み分けが考えられていたのであろう。ところが、その後、若年失業者の問題が解消され、東京一極集中問題の解消は、時の政権の旗印である地方創生によって対応することとなり、地域おこし協力隊員の人数が劇的に増加する中で、特別な知識や経験がない若者だけでなく、スキルも専門性も持っている者が地域おこし協力隊員となってきていると考えられる。

第3節 終盤 ― 政策終了 ―

1 政策の失敗と生き残り

当初は、スキルや専門性を持たない若年失業者の雇用の受け皿として創設された地域おこし協力隊であったが、現在では、様相が一変している。

例えば、移住・交流推進機構が行っている「地域おこし協力隊に関する調査」によれば[13]、地域おこし協力隊に応募した最大の理由のうち「自分の能力や経験を活かせると思ったから」という回答は、令和元年度調査では15%、平成30年度調査では17%、平成29年度調査では15%と高率であるのに対して、「他の就職先が見つからなかったから」という回答は、令和元年度調査・平成30年度調査・平成29年度調査で、それぞれ1%に過ぎない。

制度創設当初は100人以下であった地域おこし協力隊員数は、2014年度には1,000人を、2018年度には5,000人を突破している。さらに、総務省は、平成30年6月6日に、隊員数を平成36年度には8,000人とすることを公表している[14]。そして、「まち・ひと・しごと創生基本方針2018」（平成30年6月15日閣議決定）でも、施策の一つとして「地域おこし協力隊の拡充（6年後に8千人）」という項目が建てられている。

このような急激な地域おこし協力隊員数の増加により、様々なタイプの人たちが地域おこし協力隊員となっている。そのため、現在では、地域おこし協力隊員を、コツコツ型（地道型）、エキスパート型（専門型）、アイディア型（創造型）に区分し、これらのタイプ別に地域おこし協力隊員の活用を提言するものや[15]、「地域起業思考」を持つ人材、「地域づくり思考」を持つ人材、「自給自足、自然思考」を持つ人材、「自分探し思考」を持つ人材に区分するといったことも行われている[16]。

また、地域おこし協力隊員の活動を「価値創造活動（地域で新たな活動や仕事を起こそうと試みる活動へのサポート）」「コミュニティ支援活動（農業生産に不可欠な資源をむらの共同作業によって管理している活動へのサポート、ま

た、相互扶助で暮らしを支える活動へのサポート）」「生活支援活動（暮らしの中の困りごとをサポートするもの）」に区分すること[17]なども行われている。なお、受入市町村側の地域おこし協力隊員への期待内容としては、「定住期待型」「『新しい風』期待型」「業務遂行期待型」があるとも言われている[18]。

　様々な専門性や高度なスキルを有する者が地域おこし協力隊員となり、価値創造活動や、地域起業思考あるいは地域づくり思考による活動を行うようになってきたことから、当初想定されていたと思われる頭脳労働は集落支援員、肉体労働は地域おこし協力隊員といった棲み分けは崩壊しており、現状は、当初の制度趣旨から逸脱している。

　さらに、都会の大企業に就職できる有能な若者や都市部で起業して稼げる人たちが、それを蹴って協力隊員になることは、地域おこし協力隊の当初の政策目的とは相反する効果を生じさせている。

　つまり、政策立案者から見れば、地域おこし協力隊という政策は「失敗」している。しかし、地域おこし協力隊制度は、当初の政策立案者の思惑を超えて、政策目的を地域の活性化にシフトさせ、制度の変更・拡充を行うことにより存続が図られている。

　これは、政策立案者にとっては失敗であったとしても、地域おこし協力隊員の急速な増加が示すように、現場の地方自治体にとっては「地域の活性化」施策として「成功」と評価され、その高評価に紛れて、政策立案者は目的をすり替え政策の生き残りを図ったと推察される。

2　やる気の搾取

　平成29年3月24日付けの「地域おこし協力隊推進要綱」の改正により、都道府県が実施する地域おこし協力隊向けの研修等に要する経費について、普通交付税措置が講じられることとなった（普通交付税で措置することに意味があるのかという論点はさておき）。

　当初の制度趣旨からすると、地域おこし協力隊員には、そもそも研修を受けなければできないような専門的な活動は期待されていないはずであった。全く予定していなかったからこそ、制度創設から10年近くたって初めて、「研修」

に財政措置が講じられるようになったのであろう。

　そして、このような財政措置が講じられる背景には、地域活性化に「研修」を受けてでも貢献したいと考える「やる気」のある地域おこし協力隊員が数多くいることを物語っている。

　政策立案者は、そのようなやる気のある協力隊員がいることを奇貨として、やる気のある協力隊員による取組みを優良事例として喧伝し、（政策立案者にとっては）政策が失敗しているにもかかわらず、それが成功しているかのように装っている。

　高度なスキルや専門性を持つ地域おこし協力隊員の増加は、健康で車の免許さえあれば誰でもできることをやらせる、あるいは極端な表現をすれば、ただ「移住」さえすればよい、という地域おこし協力隊の制度設計のベースからかけ離れている。そのため、制度と実態との間にひずみが生じざるを得ない。そして、そのひずみは、例えば、地域おこし協力隊員の報酬等に表れることになる。

　地域おこし協力隊員の報酬等は、スキルや専門性を持った（あるいは持つに至る）者にとっては低位である。それでも、彼ら彼女らが地域おこし協力隊員として活動を続けているのは、「やる気」があるからである。

　そして、現状は、この地域おこし協力隊員の「やる気」を搾取する仕組みになってしまっている。本来、地域おこし協力隊員に「専門性」や「スキル」を求めるのであれば、それに見合った処遇が与えられなければならない。

　ところが、地域おこし協力隊員に要する経費は、前述したように特別交付税により措置されているが、令和2年度時点では、一人当たり上限440万円である。

　しかし、これは、特別交付税措置額であり、全額が地域おこし協力隊員に支払われるわけではない。例えば、地方自治体が会計年度任用職員として地域おこし協力隊員を委嘱した場合、報酬や期末手当だけでなく、費用弁償、共済費（雇用保険料）、旅費、備品消耗品費、通信運搬費は必須であり、それに加えて、新たに事務所等を用意する場合には、使用料・賃借料なども必要となる。

　したがって、地域おこし協力隊員に支払われる年間の賃金は、440万円の半分程度とならざるを得ない。実際、地域おこし協力隊推進要綱においても、「報

償費等については 240 万円を上限、報償費等以外の活動に要する経費については 200 万円を上限」とされている。なお、各地方自治体の裁量により報酬等を上乗せすることは可能だが、その財源は別途手当てする必要がある。

　令和元年の賃金構造基本統計調査結果（初任給）によれば、大学卒の初任給は 21 万 200 円、大学院修士課程修了の初任給は 23 万 8,900 円である。単純に 12 月を乗じると、大学卒で 252 万 2,400 円、大学院修士課程修了で 286 万 6,800 円の年収となる。また、岡山県職員の大学卒一般行政職の初任給は 19 万 3,100 円（2019 年 4 月 1 日現在）であり、単純に 12 月を乗じると 231 万 7,200 円となる。地域おこし協力隊員の報酬等の上限 220 万円は、民間企業や地方公務員と比べて遜色のないように見える。

　しかし、地方公務員には別途、期末・勤勉手当が支払われるし（4.5 月分程度）、月給も経験年数 10 年を経過すると概ね 27 万円を超える（2019 年 4 月 1 日現在）。

　それに対して、地域おこし協力隊員（会計年度任用職員）は、原則として 1 年間の任用が基本（2 年目・3 年目は再度の任用）であり、期末手当が支払われるとしても支給月数は少なく、特別交付税措置の上限もあることから、さほどの報酬等の増加は見込めない[19]。

　「専門性」や「スキル」を持つ地域おこし協力隊員を、新人従業員よりも低い賃金で、かつ、非正規の職員とする待遇が果たして適切といえるのか疑問である。

　そして、このようなスキルや専門性を持った地域おこし協力隊員が、なお、劣悪な勤務労働条件にもかかわらず、その仕事を続けている理由、つまり在るべき処遇水準と現実のそれとの差を埋めているのが、彼ら彼女らの「やる気」であろう。

3　政策目的の再設定

　地域おこし協力隊という政策は、当初の政策立案者にとっては「失敗」であっても、政策実施の現場では「成功」であることから、政策を終了させるという選択肢はない。

　「失敗」した政策を終了させることができないのであれば、次善の策は目的の再設定となる。地域おこし協力隊という政策の目的は、本来、「コツコツ型」の地域おこし協力隊員が「コミュニティ支援活動」や「生活支援活動」を行うことが想定されていたので、財政措置も、それに応じて1パターンしか設けられていない、つまり一律であった。

　その後、前述したように政策の変容が生じ、当初想定していなかったエキスパート型やアイディア型の地域おこし協力隊員が生まれ、「価値創造活動」を行うようになった。その状況に遅ればせながら対応するため追加の財政措置が行われるようになったと考えられる。

　しかし、元々の財政措置の制度設計（肉体労働系の地域おこし協力隊員を想定した一律の制度設計）は変えておらず、弥縫策に留まっている。

　今後、「価値創造活動」を行うエキスパート型やアイディア型の地域おこし協力隊員がこれまで以上に増え[20]、また、地方自治体からもそのタイプが求められていることから、今後もインクリメンタリズム（漸進主義）によって対応していくことは、早晩、壁に突き当たるのではないかという疑問を禁じ得ない。

　地域おこし協力隊制度が創設から10年以上が経過した今、政策立案者は、当初の政策目的から逸脱が生じていること（政策の失敗）を素直に認め、新たなスキームを講じるべき段階に来ているのではないだろうか。

注
1)　小田切徳美『農山村は消滅しない』岩波書店、2014、p.149。
2)　『地方財政小辞典6訂』ぎょうせい、2011、p.455。
3)　https://www.soumu.go.jp/main_sosiki/jichi_gyousei/c-gyousei/02gyosei08_03000066.html
4)　一般社団法人移住・交流推進機構「令和元年度地域おこし協力隊に関する調査研究報告書」2020年2月。
5)　山陽新聞digital「この地に生きる（7）松尾敏正さん（43）＝真庭市　交流と定住の橋渡しをするカフェオーナー」（2019年10月12日）。
6)　中井孝一「地域おこし協力隊　制度創設から10年を迎えて」地方財政57巻7号、2018、

　　p.103。

7)　　一般社団法人移住・交流推進機構の「地域おこし協力隊クラウドファンディング」ウェブ
　　サイト　https://www.iju-join.jp/cgi-bin/recruit.php/12/detail/22017?ck=1

8)　　前掲注 6)、p.100。

9)　　公益財団法人福武教育文化振興財団「財団と人 # 10 藤井裕也さん」http://www.
　　fukutake.or.jp/ec/hito-no10.html

10)　　都市圏の人口集中への対策と捉えるものとして、石川和男「「地域おこし協力隊」は地方
　　創生につながるのか」『専修商学論集』110 号、2020、p.4。

11)　　小田切徳美「農山村の視点からの集落問題」大西隆ほか共著『これで納得！ 集落再生』
　　ぎょうせい、2011、p.37。

12)　　総務省「過疎地域等における集落対策のあり方についての提言」2017 年 3 月、総務省「過
　　疎地域等の集落対策についての提言」2008 年 4 月、「過疎地域等における集落対策の推進要
　　綱」（平成 25 年 3 月 29 日・総行応第 57 号、総行人第 8 号、総行過第 11 号）及び「集落支
　　援員について」ウェブサイト　https://www.soumu.go.jp/main_content/000618040.pdf

13)　　前掲注 4)、一般社団法人移住・交流推進機構「平成 30 年度地域おこし協力隊に関する調
　　査研究報告書」2019 年 2 月、株式会社価値総合研究所「平成 29 年度地域おこし協力隊に関
　　する調査研究報告書」2018 年 2 月。

14)　　「地域おこし協力隊の拡充～ 6 年後に 8 千人～」（2018 年 6 月 6 日発表）　https://www.
　　soumu.go.jp/menu_news/s-news/01gyosei08_02000146.html

15)　　古橋寛子「地域おこし協力隊制度活用のススメ」『決断科学』3 号、2017、pp.37-43。

16)　　田口太郎「「人的支援」による地域再生の可能性」『住民行政の窓』430 号、2016 年、p.5。
　　田口太郎「地域おこし協力隊の成果と課題を考える」『第三文明』685 号、2017、p.24 も参照。

17)　　図司直也『地域サポート人材による農山村再生』筑波書房、2014、pp.11-12。

18)　　沼倉瞳・今井太志・敷田麻実「地域おこし協力隊の姿（中）」『地方財務』736 号、2015、
　　p.172。

19)　　正岡利朗「地域おこし協力隊の現状と課題」『高松大学・高松短期大学研究紀要』69 号、
　　2018、p.9 も「さらに企業等の場合は、報酬が当初は横並びであっても、その後のスキルアッ
　　プ等により昇給が期待できるが、地域おこし協力隊制度にはそのような内容はない」と述べ
　　る。

20)　　データ数は少ないが「調査対象者 10 人の地域おこし協力隊としての活動を見てみると、
　　価値創造活動を重視する協力隊員が多かった」（甲斐田きよみ・三好崇弘「地域おこし協力
　　隊が農山村地域の再生に与える影響について」『文京学院大学総合研究所紀要』18 号、2018、
　　p.3）とされる。

（澤　俊晴）

第2章

大卒女性にとっての地方移住・定住と仕事
― 長期定住までのプロセスと仕事との関係性 ―

第1節 はじめに

　県を跨いだ人口移動の問題は、人口問題に関心を持つ研究者のみならず、地域活性化に関心を持つ関係者にとっても、大きなテーマの一つである[1]。人口減少局面にある今日においては、とりわけ注目度の高いテーマとなっている。

　こうした傾向に拍車をかけたのは、元総務大臣の増田寛也氏を座長とした「日本創成会議」が公表した著書『地方消滅』であった。2014（平成26）年に出版された本著では、都市部と地方部の間の県を跨いだ人口移動、特に若年女性の移動に高い関心が寄せられている。これは、本著が「再生産力」を持つ出生率の高い若い女性の人口移動に着目し、そうした女性を地方に留まらせるか移住させるかを、「地方消滅」の可能性の有無の肝と捉えていることと関係がある（増田、2014）。

　若年女性を直接「再生産力」と関係づけることには議論の余地があるが、本著が地域活性化に携わる関係者に少なからぬ影響を与えたことは確かである。実際、それ以降に女性の移動に関する研究は増えており、女性の移動に影響を与える要素についての知見が蓄積してきている。

　その一方で、移住者を増やしたい地域が一斉にそうした要素さえ備えれば、それで移住・定住が促進されるかといえばそうではないだろう。移住には、短期・長期、断続的・継続的な形を含めて多様な形があるが、各地方自治体が移住を促進する主な理由は、地域にある程度長期的・継続的に定住して、地域の

一員となり、可能であれば地域活性化の担い手となってほしいからである。し
たがって、移住希望の女性に定住してもらい地域の一員となってもらうことを
期待するのであれば、女性が長期定住するに至る要素とは何かを実態から子細
に観察し、検討していく必要があるだろう。恐らく、そうした要素は一つでは
なく、また、女性が移住を決意し、実際に移住し、長期定住に至る一連のプロ
セスの中で多様な要素が存在し、それらは次第に変化していく可能性が高い。
そして、先行研究から、そうした要素は移住先で就く仕事と深い関係にあるこ
とが推察される。

　以上のような理由から、本章では、女性の多様な移住決定から長期定住に
至るまでのプロセスを事例として提示することにより、マクロの数量調査では
把握しきれていない、女性を移住へと導き、最終的に定住へと結びつける要因
を、移住と仕事の関係に着目して明らかにしようとするものである。特に、女
性の大学進学率が5割（49.1％）となった現在[2]、多くの女性は大学に進学し、
卒業後に就職するのが一般的である。ここではそうした大卒女性を対象として
考察する。

　具体的には、以下の順序で議論を進めていく。まず第2節では、先行研究か
ら、ジェンダー（男女別）、学歴、就職との関係から人口移動について何が明
らかになっているのかについて整理する。次に第3節では、岡山県和気郡和気
町に東京圏から移住し、地域おこし協力隊員を経て起業した一人の大卒女性の
これまでの人生を、インタビューにもとづき跡づける。これにより、女性が特
定の地域への移住を決意し、そこで就業・起業をしていく中で長期移住を確固
たるものとしていく要因は何かを中心に見ていく。続いて、第4節で第3節の
考察を行う。最後に、第5節で第2節から第4節までの総括を行う。

第2節　人口移動とジェンダー、学歴、就職の関係

　人口地理学者の中川聡史の研究によれば、戦後の人口移動に関する研究は多
いものの、移動者の属性について年齢以外をとりあげたものは、伊藤（2003）
において若干触れられている程度で、必ずしも多くない（中川、2005）。そう

した中で、中川の一連の研究は、人口移動を出生コーホート（同時期に出生した人の集団）別に、ジェンダー、学歴などの属性と組み合わせて分析することにより、時代ごとの人口移動の特徴を明らかにしている。

　ジェンダー、学歴、就職に関して、彼の主要論文（中川、2005、2016、2017）に共通する論点を要約すると、以下のとおりとなる。

　第一に、1950年代以降の人口の流れをおおまかに非大都市圏と大都市圏に区分すると、大都市圏側から見て三つの転入ピークがある。それらは、1960年代前半の第一のピーク、1980年代半ばの第二のピーク、1990年代から現在に至る第三のピークである。各ピークの特徴は、第一のピークが東京圏、名古屋圏、大阪圏のいずれにおいても見られる一方、第二のピーク、第三のピークは東京圏にのみ見られる。つまり、三つのピークのうち、第二のピーク以降は、東京圏への一極集中が高まっていると見ることができる。

　それを前提として、第二に、4年制大学以上の教育歴を持つ人（高学歴者）とそうでない人に分け、非東京圏から東京圏に移動している人の教育歴を分析した。その結果、1980年代以降に東京一極集中が進むなかで、東京圏での就業機会は金融・保険業、不動産などの第3次産業の職種に限定されるようになり、非東京圏出身の高学歴者が選択的に東京圏に移動・定住するようになった。すなわち、給与の高い専門的知識を必要とする職種に応じることのできる人のみが東京圏に移動する傾向が強まった。加えて、入学難易度の高い大学の学生ほど、東京圏での就職を希望する傾向が強い。

　第三に、特にジェンダーと学歴の観点からは、非東京圏から東京圏への「高学歴者に特化した選択的な人口移動」が生じている中、男子に比べて女子のほうが選択的な人口移動の傾向が強く、1990年代以降その傾向はさらに強まっている。

　人口移動がグローバル化した今日、一部は海外との流出入も考慮しなければならないだろう。しかし、例えば欧米等に比べて、日本から海外への人材流出の程度が比較的盛んではないことを考慮すると、国内のある地域からの人口流出はすなわち、国内の他の地域への人口流入を意味すると考えて差し支えないだろう。

　そこで、少々乱暴ではあるが、「東京圏以外の地域」を全て「地方圏」と定

義して以上の要点を読み直すと、次のように指摘できるだろう。すなわち、近年、就職との関係から東京圏に高学歴者が集中し、女性にその傾向が強いということは、高学歴者が望むホワイトカラー職の少ない地方圏からは、高学歴女性が選択的に移出する傾向にあるということである。

　当然のことながら、すべての大卒女子がこのような傾向にあるわけではないが、大きな流れとして以上のような動きがあり、その中で大卒女子の移住をいかに促進するのかは各地域にとって課題の一つである。よって、先行研究では明らかにされていない、高学歴女性が地方圏で働く際に仕事に求めるものは何なのかを、女性が移住を決定するプロセスの中で見ていく必要がある。

　次節では、和気町に移住した一人の大卒女性の移住、就職、起業といった一連のプロセスを見ることにより、女性がどのように特定の土地に移住し、長期定住を確信するに至るのか、具体的に見ていくことにしたい。

第3節　岡山県和気郡和気町の女性の事例

1　和気町への移住を決意

　ここで紹介する平井さんは、埼玉県から岡山県和気郡和気町に移住した30代の女性である。現在移住4年目を迎えたところである。移住する前は埼玉県の川口市在住で東京都の八重洲にある企業まで通勤していた。

　平井さんが最初に入った企業は、誰もが知る大手広告企業であった。本社のある東京駅まで毎日満員電車で通勤していた。企業では、パート・アルバイトのウェブ広告媒体の企画の部署に所属し、広告媒体のウェブマーケティングが担当であった。具体的には、どうすればそうした媒体に多くの応募者が集まるのかということを考えていた。2008（平成20）年のリーマンショックまでは、深夜2時くらいまで勤務する毎日だった。

　激務を続ける中で、自分の生き方に疑問を感じるようになったのは、本人が「隙間の中の隙間探し」や「どんぐりの背比べ」と呼ぶ状況に閉塞感を感じたからである。つまり、都市部には同じサービスが溢れ、飽和状態にある中から

隙間のサービスを探す状態であり、これ以上の新しいサービスを見つけること
は難しいとの印象を持っていたためであった。

　移住を考えるきっかけは宮古島を訪れたことである。東京に比べて年中温
暖であることと生活費の安さに惹かれた。必然的に、最初に移住先として考え
たのは沖縄であった。しかし、沖縄は移住者の多い地域である。現地訪問をし
て、あまりにも移住希望者が多く、飽和状態にある沖縄を見て、現地の人々の
移住者への視線も歓迎一色ではない印象を受けた。そこで移住者がそれほど多
くない他の地域を探していくことになった。

　一方で、平井さんの父親（島根県出身）に移住について相談したところ、同
じ中国地方の岡山県を勧められた。父親の勧めを受けて新橋にある鳥取県と岡
山県合同のアンテナショップ「とっとり・おかやま新橋館」の「移住・しごと
相談コーナー」を訪れた際、たまたま手にした移住パンフレットで特集されて
いたのが和気町であった。しかも、タイミングよく、移住推進員Ｉさんが近々
東京に来ることを知る。無事にＩさんと会うことができ、和気町をより詳しく
知るために、3泊4日で初めて和気町を訪れた。

　このように物事はとんとん拍子に進んだが、和気町への移住の決断には4つ
の決め手があった。それは、①自然と利便性のバランス、②立地の良さ、③や
りがいのある仕事の多さ、④信頼できる人の存在、の4つであった。

　一つ目の自然と利便性のバランスとは、JRなどの交通、コンビニ、薬局が
あり、和気駅から車で10分程度で山林や棚田が広がる。このように小さいエ
リアにまちと田舎がコンパクトにまとまっていることであった。

　二つ目の立地とは、JRの和気駅から岡山駅まで在来線で30分程度であり、
和気駅を通る山陽本線は列車の本数も多い。岡山駅は、新幹線を利用すれば大
阪まで1時間で行ける一方、四国へ行く際の乗り換え地であるなど、鉄道網が
発達している。また、地震リスクが関東に比べて圧倒的に低い。こうした立地
上の利便性と安全性がある。

　三つ目のやりがいとは、移住者に開拓されていない「余白」部分が多く、
様々な点でチャレンジがしやすいということである。東京であれば競争者も多
く、そうした「余白」は少ない。そうした部分を開拓することによって自分が

先駆者になることができる。

　四つ目の「人」とは、移住者のことを第一に考えてくれる町役場の担当者がいたということである。加えて、移住者には同世代が多い。100 人以上の移住者のうち 7 割が 30 代から 40 代で、共感しあえる人々が多いと思えたところも大きな決め手であった。

　特に「人」に関しては、町役場に勤務する I さんの存在が大きい。I さん自身和気町への移住者であり、現在は町役場の移住推進員である。彼との出会いが、和気町への移住を決めた最大の理由であった。

　和気町での仕事を探すにあたっては、I さんがハローワークの情報などを移住前から送ってくれた。そうした中で、平井さんに合う仕事として地域おこし協力隊を提案してもらった。

　和気町の手厚い支援に加え、I さんは面倒見がよく信頼できる人物であり、このような人物が住む場所であれば何があってもやっていけると確信できたことが、和気町移住の決め手の一つであった。2017（平成 29）年、12 年間勤務した企業を退職し、夫とともに和気町への移住を決めた。

2　地域おこし協力隊員としての活動

　まず、平井さんが和気町に移住するとともに就任したのが、地域おこし協力隊であった。その募集では任務として三つの柱が掲げられていた。すなわち、特産品のブランド認証の立ち上げ、駅前商店街活性化、移住定住支援の三つであった。平井さんの仕事はそれら三つの任務の遂行であった。勤務は町役場と和気商工会の二つの職場での兼務であり、週 1 日は役場業務で移住定住サポート業務、週 4 日は商工会でブランド認証と商店街活性化業務というサイクルであった。以下、具体的な平井さんの活動を一つずつ見ていくことにしよう。

（1）　特産品ブランド認証の立ち上げ

　任務の一つとしては、特産品のブランド認証のコンセプトづくりから各企業をまわり認証するところまでを行った。この任務に対して、平井さんが実際に行った活動は次のようなものであった。

　まず、特産品ブランドを作るにあたり、コンセプトを明確化する必要がある。そのヒントを得るため、和気町の特徴を抽出していく作業を行った。その際の手法の一つが、和気町の町民50人に対して、和気町の特徴や良いところ悪いところなどの聞き取りを行う定性調査であった。同時に、町民アンケートを行った。このように定性と定量の両方の調査を行うことにより、和気町とはどのような場所かを明確にし、ブランドづくりの基礎資料とした。その結果、和気町のキーワードは「調和力」であると分析し、このブランドは和氣◎印と名付けられた。ブランドのロゴマークのデザインは、「調和力」のキーワードに相応しく、和気町の持つ変わらない原風景と変化していく利便性の両面が丸の左右に描かれたものとなっている。また、ブランドの認証にあたっては、「ただ美味しくて、その地のものだったら何でもいいになってしまうと、ただの商品カタログみたいになってしまうので」と平井さんが語るように、何らかの調和のストーリーを持っているものしか認定しないという独自の基準を設定した。

　このブランドには、単なる一定の基準をクリアしたものを認証するだけでなく、最終的には和気町の認知度の向上、移住促進につながるようなものにしたいとの期待も込められていた。つまり、ブランドに認定された商品を通じて和気町を知ってもらい、愛着を持ってもらう道具として発信したいとの意図が込められていた。

　認証にあたっては、平井さんが中心となり委員会を立ち上げ、3年間で第3回まで審査会を開催し、現在、町内事業者の11社32商品が承認されている。基本的に、企業から認証料は受け取らず、認証された商品は和気商工会から販路開拓の支援を受けることができる。

（2）　駅前商店街活性化

　JR和気駅前に、以前は商店街であったが、現在は空き店舗が多く、一部住宅地になってしまった通りがある。ここの活性化はかねてより町の懸案事項であった。その目玉が旧中国銀行の建物の改修である。この一部は、既に和食の店舗（1階の「和菜食堂」）などに改修されているが、未着手の3階の空きス

ペースを ENTER WAKE BASE と名付け、コワーキングスペース「学びと挑戦の成長循環を生むまちづくり基地」へと改装した。それと共に、自ら商店街活動の内部に入り込み、そこに人の流れを生み、他の店舗にも波及させることも目標とした。

　1年目はブランド認証制度の構築に注力したため、商店街の活性化に関しては、リサーチをかねて聞き取りをしていった。2年目は ENTER WAKE BASE の改修に必要な補助金の獲得を目指し、申請のための企画書作成、応募に力を注いだ。そうした努力が実り、3年目の4月に補助金が通り、改修計画を立て、大学生、高校生の力も借りて手作りの内装を進め、8月のオープンに漕ぎつけた。

（3）　移住定住支援

　二つの職場（町役場と商工会）のうち、町役場での任務が移住定住支援であった。1年目は、移住推進員のIさんに同行する形で移住促進の支援を行った。この支援には、移住促進のための動画作成や移住希望者向けのバスツアーなどが含まれる。

　2年目は、通常の移住業務に加えて、ウェブサイトの改修に携わった。これは前職がウェブディレクターの平井さんにとって得意分野であったので、経験をいかんなく発揮した。具体的には、カスタマーの分類、整理を行い、どこがボリュームゾーンであり、人物像はどういったものかなどを明確化して、ウェブ制作会社と1年をかけてウェブサイトを作り直す作業を行った。

（4）　任務以外の活動

　実際は、以上の三つに加えて、自分の関心のあることにも積極的に活動を広げていった。その代表的なものが、特産品の開発、町内の高校への出張授業、内側からの商店街活性化、である。

　一つ目の特産品開発としては、町内産のりんごを使用したシードル（リンゴの発泡酒）の製造がある。平井さんの協力隊1年目の冬にりんごが豊作となり、廃棄寸前となっていた。これを聞きつけた平井さんは、この廃棄寸前のり

んごの活用先としてシードルの製造を提案する。こうして生まれたのが、シードル「りんごのうた」であった。

　企画の第一弾は、シードルのみの製造・販売ではなく、新しい飲み方も提案しようと考えた。シードルを飲む器（シードルボウル）を備前焼の窯元にお願いして製造してもらい、これをセットで販売することにした。シードルは、原料を広島県福山市の事業所に依頼して製造した。このシードルを日本最大級のシードルのイベントである東京シードルコレクションに出品したところ、デザイン部門で準優勝を獲得することができた。

　翌年も製造したが、りんごの出来が悪く本数は少なくなった。しかし、出来不出来があってもワインのように毎年製造し続けることに意味があるとの考えのもと、今後も製造し続ける予定である。

　二つ目の出張授業とは、地域探求活動が盛んな和気町内の高校に出向き、総合的な探求学習の一環として授業を行ったことである。これは、商店街活性化を進めるには自分一人では難しいため、地元の高校生を巻き込むことを考え、その一環として、高校の探求学習の時間の一部を平井さんの授業に当ててもらった。高校生には自分が前職で習得したマーケティング手法の授業を行い、興味を持った高校生に商店街活性化の活動に加わってもらった。

　三つ目は、二つ目と関連するが、自分の店を持つことを念頭に、当初任務として予定されていた以上に商店街活性化活動に積極的に入っていった。高校生と共に活動をすることで、商店街の内側から課題を把握し、活性化への道を探っていった。

　このように、協力隊としての任務だけでなく、協力隊としての任務が終了した後の起業をも見据えて、当初想定されていた任務以上の活動に取り組み、成果を上げていった。

3　クラフトチョコレートショップ「埜藝菓」の開店

　地域おこし協力隊の任期を2020（令和2）年5月に終了した平井さんは、同じ年の6月にクラフトチョコレートショップ「埜藝菓」を本格的に開店した。

　埜藝菓という名前には、自然由来の丁寧なお菓子との意味が込められてい

る。あえて旧漢字を使用し、日本の昔ながらの暮らし、人間らしい原点を表している。一般的に、チョコレートショップといえば西洋風の店名を持つ店舗が多いが、チョコレートを通して和気町の暮らしの良さを伝えたいという意味を込めて、店名は和風にした。

なぜ起業か。それは、子供を持っても続けることができ、雇われない働き方（自由な働き方）ができると考えたためである。また、製品としてのチョコレートは日持ちがよく、時間のある時に作り置きすることができる。理想は、時間に追われず、余裕のあるバランスのとれた暮らしであり、その理想を叶える働き方が、チョコレートショップという選択であった。

ではなぜチョコレートなのか。そもそもチョコレートを好きであったことが一番の理由である。クラフトチョコレートとは、Bean to Bar とも呼ばれ、自店で豆からチョコレートまでの全工程を経て製造されたチョコレートのことで、2016（平成 28）年頃から東京を中心に人気店が評判となりだした。以前から自分でも事業として興味を持っており、地方で事業を起こしたら面白いのではないかと考えていた。地方の豊富で新鮮な食材を生かし、食品に関する事業を起こしたいとも考えていた。素材にこだわり、個性が出せるため、他店舗と差別化できるビジネスとして可能性を感じてもいた。

チョコレートの製造方法については、東京にモデルとするチョコレートショップがあり、出張で東京に行くたびにお店の講座を受講し、製造技術を修得してきた。現在は機械を購入し、販売の傍ら新製品のための試行錯誤を続けている。

チョコレートの材料のカカオ豆は、近隣県のカカオ豆を卸している会社から購入している。メキシコ産、インド産、ベリーズ産の豆を使用している。

値段は 800 円と少々高めではあるが、これは原料となるカカオ豆の産地の人々が持続可能な生活を送ることができる値段設定にしているためである。ターゲット層は、スーパーマーケットのチョコレートでは満足できない 30 ～ 40 代女性である。実際の来店者は、和気町の知人、近隣住民が多いが、最近はフェイスブックなどの SNS を見て近隣地域から来店する人もいる。来店者の 7、8 割は初めての来店者であり、半数は男性であるという点も興味深い。

　店舗を出すにあたり、地域おこし協力隊で培った人脈や知恵が大きく役立った。地域おこし協力隊として特産品の開発やブランド認証の仕事をする中で、販売先とのつながりができ、その結果、事業を始める前から、事業を始めた場合にどのように具体的に商売をしていくべきかのイメージをつかむことができたという。

　出店の資金は、地域おこし協力隊の起業支援金100万円を利用した。また、地域おこし協力隊時代の勤務先が町役場と商工会の兼務であったので、創業について商工会に相談したり、日本政策金融公庫に融資の相談をしやすいところがあった。さらに、その人脈を利用して、商工会の会員から、改装、ちらし作成などの支援を得ることができた。地域おこし協力隊時代の実績も大きく役立った。

　平井さんは自身のキャリアについて、「一つ一つ上に登っていくやり方もあれば、経験で培ったやり方をもとに新しいものを生み出していくやり方もあるが、自分は後者のやり方のほうがいい」と語る。前者が長期にわたり組織内で積み上げていくキャリアだとすれば、後者は所属する組織を変えつつも、これまでの経験を活かしてゼロから一つのプロジェクトを立ち上げていく方法といえる。平井さんは後者のやり方を好み、柔軟にキャリアを変えるプランでここまできた。所属する組織は変わっても経験は生きる。これを和気町でも適用し

図表2-1　埜藝菓のチョコレート（外装）　　**図表2-2　埜藝菓のチョコレート**

てきた。

　企画業務を長く経験してきたので、扱う商品はウェブサイトからチョコレートへと変わったが、企画を構想して実現していくというこれまでの会社での経験は生きている。地域おこし協力隊の仕事も、自分から仕事を選択でき、人脈や知識を蓄積できたという点で大きく役に立っている。

　ただ、2020（令和2）年の2月頃から蔓延した新型コロナの影響により、4月と5月は休業となった。個人事業主を対象とした持続化給付金の補助を得て凌ぐことはできたが、今後は、製造したチョコレートで地元の商品とコラボレーションしたり、新たな製品を生み出すことに挑戦したり、店舗運営だけでなく他の仕事も開拓していくなどして、リスクヘッジもしなければならないと考えている。

　このように地域おこし協力隊から店主へと仕事内容は変わったが、引き続き店舗経営者という立場で、まちづくりに積極的に参加していく予定である。

第4節　考　　察

　以上の事例より、女性と移住と仕事の関係に関してどのようなことが言えるだろうか。次のように分析ができるだろう。

　第1に、退職者でない限り、移住をすることはそこで新たな仕事を探すことを意味する。都会に比べて生活費が低下しても、生活をするための資金は必要となる。この点において、事例が示唆するのは、移住希望者の適性に合ったきめ細やかな仕事情報の必要性である。平井さんの場合は、移住推進員であるIさんが頻繁に求人情報を提供してくれた一方、平井さんの希望に合致するものとして地域おこし協力隊の仕事を提案してくれ、平井さんもそれをもとに移住後の人生設計を描くことができた。

　第2に、地域おこし協力隊の活動が、起業をするうえで大きく役立ったということである。平井さん自身、起業を見越して地域おこし協力隊を務めていた。都市部以外への移住の場合、移住先の既存の企業には自分が望む仕事がないことが多い。既存の企業の仕事はそれ自体意義あるものだが、自らが企画・

立案し、実行に移す自由がある仕事という意味では限界があるかもしれない。そもそも大卒女性が首都圏での就職を望む理由は、まさにそのような職種を望むからである。その意味で、自分の能力が生かせ、時間にも融通が利く起業を見据えて、地域のことを知るための道具として地域おこし協力隊は最適な選択であった。

　第3に、過去の経験を生かせる場の存在である。平井さんの場合は、地域おこし協力隊がまさにそうした場であったし、それを足掛かりにして、さらに起業へとつなげることができた。特に大卒以上の高学歴の女性の場合、社会人経験を持ち、専門性を積み上げてきた人も少なくない。そのような女性の能力を活用できる場がある地域が、女性にとっても移住しやすい地域であるといえるだろう。つまり、単なる仕事の有無ではなく、男女を問わず、能力を発揮できる場があり、きちんとそれを評価してくれる人がいることが重要なのである。

　最後に、仕事と直接関係するものではないが、移住生活を安定させる要因として、移住する際の信頼できる人の存在は重要である。事例における移住推進員Ｉさんのように、自身が移住者で、古くからの住民と移住者との間に立ち、必要に応じて新規移住者の支援を行う人の存在は、まったく知り合いのいない場所に来た移住者にとっては大変頼もしいものである。特に、日常生活に関する事項もさることながら、災害時などの非常時にどのような対応をすべきかの基準を示してくれる人物の存在は、新規移住者にとって心強いものとなる。

　平井さんの和気町への移住は偶然の連続によって起きたかのようであるが、具体的な移住へと踏み切るには、第3節で挙げた4つの点という明確な決め手があった。その意味で、移住は決して偶然に起こったことではなく、自らの意思で選び取った結果というほうが正確であろう。とりわけ、Ｉさんのような信頼できる人との出会いという、極めて人間的で個人的な信頼が大きな決め手になったことは注目に値する。

第5節　お わ り に

　本章では、ある大卒女性の移住のプロセスを追うことで、移住から長期定住に結びつくにはどのような要因が関与するのかを、事例を通して描いてきた。ここから得られた女性の移住促進への示唆は、以下のとおりである。

　すなわち、女性の移住者を増やすためには、その経験を存分に発揮できる自由な空間が必要である。ここでいう空間というのは、物理的な場だけでなく、制度や思考なども含めた空間を意味する。首都圏の企業で働いた経験のある専門性を有する人材を地方圏で採用する動きはあるが、その際に重要となるのは、こうした経験を生かせる場が、特に女性にとって、地方にあるかどうかということである。つまり、単なる仕事の有無だけでは不十分なのである。

　平成29年度の男女合わせた高等教育機関への進学率を見ると、80.6％と過去最高となっており、女性の大学・短大進学者に絞っても57.7％と年々上昇する傾向にある[3]。また、女性の就業率も毎年高くなっており、若い男性は配偶者が結婚後も共に働くことに疑問を持たない。女性達の能力を生かすような環境が整備されていてこそ、女性の移住は可能になるのである。

　本章の平井さんの場合、信頼できる人物との出会いがあり、和気町が地域おこし協力隊の業務として能力を発揮できる場を用意していたこと、彼女がその場で自分の能力を存分に発揮することができたこと、その成果を基盤として密かに温めていた起業の試みを実現できたことが、彼女の長期定住の決断へとつながったのである。

　本章は、JSPS（科研費19K12623）による研究成果の一部である。

注
1)　本章における人口移動とは県を跨いだ移動のことであり、短期の移動や県内および市町村内の移動はここには含めていない。
2)　内閣府男女共同参画局「平成30年版男女共同参画白書」からの数値。これは、大学（学部）進学者の割合であり、短大進学者も合わせた大学・短大進学率は57.7％である（平成29年

度）。ちなみに、男子の大学（学部）進学者の割合は 55.9％である。

3)　数値は、文部科学省「平成 29 年度学校基本調査」および内閣府男女共同参画局「平成 30 年版男女共同参画白書」にもとづく。

参考文献

伊藤薫「バブル経済期の男女・年齢別人口移動 ― 1990 年国勢調査人口移動集計結果を利用して ―」『地域学研究』33-3、2003、pp.85-102。

椎川忍、小田切徳美、佐藤啓太郎、地域活性化センター、移住・交流推進機構編著『地域おこし協力隊』農文協、2019。

内閣府男女共同参画局『男女共同参画白書（概要版）平成 30 年』

中川聡史「東京圏をめぐる近年の人口移動：高学歴者と女性の選択的集中」『国民経済雑誌』191（5）、2005、pp.65-78。

中川聡史「人口移動は地域格差を是正させたのか」『地理』Jan.61-1、2016、pp.38-45。

中川聡史「人口減少社会の人口移動 ― 国内 ―」『人口減少社会の構想』放送大学教育振興会、2017、pp.87-104。

増田寛也編著『地方消滅：東京一極集中が招く人口急減』中公新書、2014。

文部科学省「平成 29 年度学校基本調査（確定値）の公表について」平成 29 年 12 月 22 日。

和気町ウェブサイト（https://www.town.wake.lg.jp/）2020 年 9 月 6 日閲覧。

和氣◎印ウェブサイト（https://wakemaru.jp/index.html）2020 年 9 月 6 日閲覧。

インタビュー

平井麻早美氏インタビュー（2019 年 12 月 20 日、2020 年 7 月 8 日、7 月 22 日実施）

（建井　順子）

第**3**章
地方創生とアーティスト

第1節　はじめに

　美術作品の制作を専門としているアーティストにとって、大阪や京都、東京という街はある種の居心地の良さを感じさせる都市である。昨年、中国地方の美術館の学芸員の方とアーティストの活動について話題とした際、「この地域の多くの作家は居住する地域において制作し、定期的に関西か東京に出向くようにしている」と伺った。アーティストが都市圏に赴くということは、単に制作した作品を発表する場を求めてという理由に留まらないだろう。都市圏で開催されている様々な展覧会の鑑賞を目的とすることもあるだろうが、おそらくは、各都市にある各々が所属するギャラリーやそこにいるアーティスト、そのコミュニティの中に一定時間滞在し、交流するという時間が不可欠なのだと思う。インターネットを介して、情報を容易に手に入れられる現代においても、アーティストにとって都市圏を離れるということは、一定のリスクを伴うものである。

　実際、文化庁『文化芸術関連データ集』[1] を見ると、アートやアートに携わるクリエイターとされる芸術家の職業人口の大半は東京に集中しており 13 万 5 千人となっている。次いで、神奈川の 4 万 4,170 人と首都圏を中心に愛知や大阪など、いずれも都市圏に集中していることがわかる。また、総務省の平成 22 年の国勢調査によると、日本には今およそ 60 万人の芸術家やクリエイターが存在するとされる [2]。これは日本の就業者全体の約 1%に相当する数字であ

り、労働者人口の100人に1人がなんらかの形で芸術に関連する仕事に従事していることになる。

　このようにアーティストがコミュニティを形成し、制作や発表活動する場は都市圏に集中しているが、各地方でアートを媒体とした、様々なイベントが催されてもいる。例えば、中四国地方における「瀬戸内国際芸術祭」や2021（令和3）年に第1回が予定されていた「ひろしまトリエンナーレ」、新潟の「大地の芸術祭　越後妻有アートトリエンナーレ」などである。そして、瀬戸内国際芸術祭や越後妻有アートトリエンナーレの成功に倣って、「地方創生」「地域振興」「地域再生」「創造都市」「文化振興」などの様々なスローガンを掲げて、規模の大小の差はあるものの日本の各地域において、ビエンナーレやトリエンナーレの名を冠した様々な芸術祭やアートプロジェクトが目覚ましく勃興している。各地で開催されるようになったこれらの芸術祭やアートプロジェクトは、地域社会だけではなく、アーティストにとっても様々な恩恵を与えた。だが、その一方で、2019（令和元）年から2020（令和2）年にかけての「あいちトリエンナーレ」の「表現の不自由展・その後」や「ジャパン・アンリミテッド」の外務省公認取り消し問題に見られるように、わずか数カ月の内に起こったアートとその表現を取り巻く出来事は、この国におけるアートをはじめとする文化芸術の環境をはからずも可視化した出来事であった。

　本章では、日本の特定の地域における美術に関わる個別の事例について取り上げることを目的とせず、各地域におけるアーティストの活動やそれに関連する施設やアートプロジェクトとその変遷について広く取り上げた。本書全体の目的である岡山を中心としたアートについても取り上げるが、アートという領域の特性からも、特定の地域の事例のみでは、アーティストと地域の関わりについて述べることは困難であり、またアートを取り巻く多くの参考事例が東京や大阪など大都市圏に集中している事情もある。アーティストやアーティストを育てる機関としての美術大学、発表の場や作品を管理・所蔵する場としての美術館やギャラリー、制作の場としてのスタジオやアーティストの滞在制作を支援するアーティスト・イン・レジデンス（以下、AIR）事業、また芸術祭とは別のアートプロジェクトやNPOなど、アーティストが関わる場や組織・団

体・人々は都市部以外も点在し、多様な活動を営んでおり、それぞれが少なからず地域との関わりを持って活動している。アーティスト個人や組織がどの様な役割を担って活動し、地域社会に関わり根差しているのか、アーティストでもある筆者の経験も介しながら様々な事例について取り上げた。

第 2 節　アーティストの活動について

　日本国内で社会生活を行う上において、その存在を意識することは少ないだろうが、世界中には星の数ほどのアーティストが存在し、その表現媒体は、テクノロジーの発達と多様化する社会に伴い、伝統的な絵画や彫刻から映像やプログラミングを駆使したメディア・アートやインスタレーションまで、時に複合的で、内容や他者へのアプローチの仕方は様々である。活動そのものについても、在留する国のアートシーンや地域、その表現媒体においてやはり多様であるが、しかし、そのアーティスト（あるいは組織やグループ、ユニット）がどのような媒体を用いていても、基本的に作品を制作し、発表することが活動の基礎にあり、主体となることに違いはない。アーティストが制作した作品は、美術館やギャラリーのホワイトキューブ[3]の空間を超えて、時に街中や公共空間において展示（あるいは設置）されるのであるが、ここでは筆者自身の経験も交えながら、アーティストがどのように活動するのか示したいと思う。

　筆者は 1997（平成 9）年から 2003（平成 15）年まで、京都の美術大学の学部と修士課程で表現に関わる技術や美術史・理論等を学びながら卒後、本格的な展示発表を行ってきた。通常、学部や大学院を卒業したての若い時期に自主的に開催する展覧会の場としてギャラリーがある。関西圏には貸しスペースとしての機能を持ったレンタルギャラリーが多数あって、時代やその表現領域によって異なるが、地域のアートシーンを牽引する存在でもある。現在はその様相も随分と変化しているが、2000 年代初頭までは、このレンタルギャラリーによって、個展や複数名によるグループ展で作品を発表することが、多くの美大生にとってアーティストとしてのファーストステップであったといえる。

　ギャラリーで発表することは、他者とのコミュニケーションをはかり、大

学の教員や知人らへの自身の成果を見せる側面もあるが、それ以上に、学芸員やギャラリスト、また美術専門誌の評論家のレビューなどを通じ、アートシーンへ自身の存在を周知する機会であり、それが次の展覧会へと繋げる契機となる。ただし、週単位で貸し出されるレンタルギャラリーでの展示は、およそ1週間で数十万円程度の費用を要するため、まだ作品も売れない、若いアーティストや学生らは、アルバイトでその資金を賄うのが常で相応の負担となる。

ただ明確な時期は言えないが、作品の売買で経営を行うコマーシャルギャラリーが若いアーティストの作品も取り扱うようになったことによって、2000年代の初頭にはそれらのセオリーは少しずつ変容していった。コマーシャルギャラリーは例外もあるが、筆者の知りうる限り、そのほとんどが作品の売買が盛んな大都市にあって、その入れ替わりも激しい。

同じく、アーティストが作品を発表し、鑑賞する場として美術館が挙げられるが、本来美術館が担うのは、収集・保管・研究・教育・展示で、公立美術館においては、地元や地域の作家の作品の研究や収集、地域の学校と連携した鑑賞教育や子供へのワークショップなどの教育活動[4]の役割を担い、地域社会に根ざした役割が課せられているといえる。

日本の美術館を西欧由来のミュージアムと同等に考えるのであれば、「本来的には『物』としての美術作品を収集し、それを同時代の人や後世に伝えるという基本的な役割」[5]を持つものであるが、欧米のように充実したコレクションを持たない日本の美術館は、新進の若いアーティストたちを育成・支援する場としての機能も果たしている。中四国で見ると、丸亀市猪熊弦一郎美術館は開館当初より、野口里香や金氏徹平など、すでに頭角を表していた30代という若い現代アーティストの個展を開催している。ギャラリー空間とは異なって、天井高のある広大な美術館の空間で展示をする機会は、世代を超えてあらゆるアーティストにとって得がたい機会であることはいうまでもないだろう。

東京都現代美術館で例年行われる企画に、若手の現代アーティストを中心としたグループ展「MOTアニュアル」がある。毎年テーマを設け、時代を反映した作品群によるグループ展示は、若いアーティストたちにとってはやはり広大な美術館の空間にチャレンジする機会でもあり、この場に選出されたという

事実は、一層の知名度を得る機会ともなっている。また、純粋な発表とは異なるが美術館が AIR におけるプログラムの一環として、展示活動を実施している例もある。

　大原美術館が 2005（平成 17）年より行っている ARKO（Artist in Residence Kurashiki, Ohara）は最長 3 カ月間、大原美術館の礎となる作品を収集した画家、児島虎次郎が居を構えた無為村荘をアトリエとして滞在制作を行うプログラムで、住居・交通費・制作費の支援を行い、滞在終了後には館内のスペースにおいて 2 カ月間の展覧会を開催する権利を得ることができる。

　ARKO と同様に日本全国にはアーティストが滞在し、制作や地域に向けたワークショップ、展覧会を行うための施設を備えた AIR がある。サムワンズガーデン制作『世界の、アーティスト・イン・レジデンスから』によると、AIR とは「公的機関や基金などが各種の美術・芸術制作を行う人物を一定期間ある土地に招聘し、その土地に滞在しながら作品制作をすること」[6] で、世界中に数多くある AIR のモデルとしては、ベルリンのクンストラードルフ・ベタニエンや同じくドイツのシュツットガルトにあるアカデミー・シュロス・ソリチュードなどがある。

　大原美術館の ARKO は国内在住のアーティストの 招 聘 を基本としているが、国外のアーティストも招聘の対象とする AIR は日本各地に存在する。その代表的な AIR としては、1992（平成 4）年開設の「滋賀県立陶芸の森」、1995（平成 7）年開設の茨城県の「ARCUS Project」、1998（平成 10）年開設の山口県「秋吉台国際芸術村」、2001（平成 13）年開設の「国際芸術センター青森」などがあり、いずれも滞在期間中の生活費や制作の支援金が支給され、世界的にも知名度が高い。日本の AIR は「立地条件を活かすなど、まちの独自性を発揮しようとする傾向」[7] が強く、このこと自体がわが国の AIR の大きな特徴で、「AIR 事業によく冠される『芸術村』という呼称からも、芸術によるコミュニティーづくりという意図が読み取れる」[8]。他者や地域との関わり、場所性を作品の主題とするサイト・スペシフィックな表現作品を制作するアーティストにとって、AIR に滞在することは、制作そのものでもあり、好条件であればあるほど当然、高倍率となる。他者や地域との連携を求めるリ

レーショナル[9]で、その場の環境に応じたサイト・スペシフィックなインスタレーションを展開するアーティストは、世界中のAIRを行き来し、著名なAIRに滞在することはキャリア形成の面においても重要な意味を持つ。

西欧から派生したAIRは今日、日本のアーティストたちにも広く認識され、数多くのアーティストがその場でしか経験できない作品制作を、世界中のAIRに滞在しながら継続させているが、AIR以外で制作するアーティストらは美術大学を卒業後、個人でアトリエを持つか、共同アトリエで制作を行い活動している。

美術系大学が集中している京都では、「京都文化芸術都市創生計画」における「若手芸術家等の居住・制作・発表の場づくり」事業として、東山アーティスツ・プレイスイメントサービス（HAPS）が、大学を離れたアーティストたちの支援の一環ともなる京都の各アトリエの空き情報を取りまとめ、情報発信を行っている。京都には複数の共同アトリエ（共同スタジオ）があるが、月額3万円程度の家賃で借りることができるため、アーティストの多くがアルバイトや大学の非常勤講師で生計を立てている収入の少ない現状にあって、表現活動を継続させるための重要な役割を果たしているといえる。また、この共同アトリエはアーティスト同士のコミュニティを継続させる場としても機能し、時に共同アトリエが連携し、来訪者がアーティストの制作環境を参照しながら作品を鑑賞できるオープンアトリエを不定期で開催している。

古い町家や工場を改装して制作の場とする共同アトリエやオルタナティブ・スペースの多くは、大学を卒後すぐのアーティストたちが集まって運営されており、特に90年代に着目すべき活動が集中しているように思う。アーティストの独立した自主的な活動の拠点のためのスペースのことを、オルタナティブ・スペースやアーティスト・ランなどと呼称するが、全国的に広く知られた活動に、1999（平成11）年にスタートした愛知県の「アートスペースdot（以下dot）」がある。

dotは愛知県の大学生たちが「何かをやろう」[10]という気持ちから始まった大小4つのスペースに区切られた、ギャラリーや美術館に近いホワイトキューブの空間で、作品の設営から展示期間まで「アーティストのわがままが

100％通用するスペース」[11] を若いアーティストたちが自身の手で作り上げた好例であるといえる。

　現在でも大小様々な試みが見られるが、中四国地方においては、1993（平成5）年12月から1995（平成7）年3月まで、岡山におよそ1年の期間限定で運営されたオルタナティブスペース「自由工場」があった。『自由工場　記録集』によると、自由工場は岡山市役所東隣、国道2号線に面し、取り壊しが予定されていた大供ビルを利用したスペースで、「美術・建築・音楽・演劇・映像などの芸術活動と交流の拠点」[12]、また、作品発表の場として1年間の制約を設けて運営されていた。

　当初はビル全体を芸術活動の場として活用できることが約束されていたが、テナントの立ち退き交渉の遅れから、6、8、9階と階段スペースおよび屋上のみという状態が続き、最終的には1、4、6、7、8、9階と屋上が活動スペースになった。設立準備に携わったメンバーや、当時の「工員」と呼ばれるアーティストやスタッフの名前を確認すると、岡山県内だけではなく関西圏を中心に、相当数の美術関係者が関わり、自由工場の活動に注目していたことがうかがえる。

　近年アーティストたちの発表の場として日本各地で展開し、地域社会から貢献を期待されるようになったアーティストの作品発表の場として「横浜トリエンナーレ」や、前出の「瀬戸内国際芸術祭」や「大地の芸術祭　越後妻有アートトリエンナーレ」、昨今、話題となった「あいちトリエンナーレ」などの国際芸術祭や大小様々なアートプロジェクトがある。瀬戸内国際芸術祭のように作品を求めて島々を渡り歩き、周遊する展示形式の源流は、ドイツ・カッセルの「ドクメンタ」や、同じくドイツの「ミュンスター野外彫刻展」にあると考えられる。ミュンスターはドイツの静かな住宅街で、街中や郊外、あるいは牧草地帯などに作品が点在し、プロジェクト終了後もドナルド・ジャッドやクレス・オルデンバーグなど、いくつかの作品は街に恒久的に設置されている。

　2019（令和元）年に第2回目を迎えた「岡山芸術交流」も、岡山市内のオリエント美術館や林原美術館、シネマ・クレール丸の内などの文化施設や、旧内山下小学校・旧福岡醤油建物などの文化遺産に作品を展示・設置し、市内を

周遊しながら作品を鑑賞する国際芸術祭である。第1回展ではフィッシュリ＆ヴァイスやジョーン・ジョナス、第2回展には2016（平成28）年度の第1回展にも参加したアーティスト、ピエール・ユイグをアーティスティック・ディレクターに迎え、マシュー・バーニーなど国際的にも評価の高い、著名なアーティストを招聘し成功を収めている。

　国際芸術祭はその規模も大きく、日本のアーティストたちにとっては世界のアート・シーンを見据えて、注目を集める作品発表の機会である。特に美術館やギャラリー空間では展開のできない、場や環境・地域性に応じたサイト・スペシフィックな作品やプロジェクトを展開するアーティストにとっては、貴重な発表の機会ともいえるだろう。一方で、自治体にとっては国際芸術祭やアートプロジェクトは過疎化が進む地域における重要な観光資源として注目を集めてきたといえる。

第3節　アーティストの活動における問題

　細部に手が届かないものの、ここまで幾つかの事例を取り上げながら、アーティストの活動や地域のアートの事例について記述してきた。アーティストはそれぞれの情熱を持って制作や発表を行なっているが、AIR などの特別な場を除く日常の活動において、何らかの支援があるわけではなく、そのほとんどが自助努力による活動である。

　例えば、先述のとおり現在ではかなり減少しているとはいえ、今でも相応の資金を用意し、展示会場を借りて展覧会を行うアーティストはいる。運良く、若い時期にコマーシャルギャラリーに所属して、展覧会を開催できた場合においても、制作費・搬入に関わる費用は基本的に、アーティストの自費で賄われている。それ以外の自主的な活動、例えば先の dot の活動は当時、注目を集めた萌芽的な取り組みであったがその大半が、まだ20代前半だった若いアーティストたちの自費で賄われていた。

　同じく共同アトリエやオルタナティブスペース、アートセンターとしての機能を持った東京の「スタジオ食堂」も、中山ダイスケや須田悦弘をはじめとす

る著名なアーティストたちの先鋭的な取り組みとして多くの注目を集めたが、その活動はアーティストとスタッフの自費で賄う面が大きく、継続的な活動として根ざしにくかった面は否めないだろう[13]。日本でアーティストは社会的な支援を受けづらく、アーティスト自身の自助によって活動する面が大きいといえるが、アーティストへの処遇が手厚いとされる欧州で、比較的アーティストの置かれる環境が近い国にフィンランドがある。

　日本と同じくコマーシャルギャラリーが少なく、アーティストの発表の場としてレンタルギャラリーが基本であるフィンランドにおいては、日本と異なり、制作した作品を展示・発表する際の公的な支援がある[14]。アーティストが主に申請するのは制作活動のための助成金で、制作に集中するために支給される生活費として、通常 3,000 ユーロ／月程度を半年から数年単位で申請できる。また、使用目的のある助成金として、ギャラリーをレンタルする際の助成金があるが、特筆すべきは制作に関わる費用も含めて申請することが可能な点である。ただし、助成の申請は展覧会場を予約して以降になり、必ずしも採択されるわけではなく、支援が受けられない場合には自費で開催することとなる。ただ、公的に展覧会の開催と制作資金の支援制度があることは日本との大きな違いといえる。このような支援体制があることによって、アーティストは自身の作品に注力する時間を得ることができるとともに、大口の顧客を持たないレンタルギャラリーにとっては、その経営を安定的に継続することのできる基盤ともなっている。引いてはアートの裾野を広く保つための役割を担っているといえるだろう。

　このようにアーティストに対する支援の厚い欧州に比して、日本ではむしろアーティストやアートに関わる個人は支援される対象ではなく、極めて搾取の対象となりやすい存在であることを指摘しておきたい。日本の自治体の中には国際芸術祭などのイベントではなく、持続的な活動によって教育・福祉にアーティストを活用しようという動きが複数見られる。このようなアーティストと行政を繋げる橋渡しとしての役割を持つのが NPO 団体であるが、ある NPO 団体の実施した事例を見ると、子供の図画工作・音楽の支援のための芸術家派遣事業や、高齢者への美術・ダンス・演劇など、ニートと呼ばれる若者や乳幼

児を対象とした子育て支援などで芸術家を派遣している。教育や福祉に芸術を活用する活動とその効果について異論はないが、実際にこれらの事業に関わるアーティストらの活動は多くの場合、無償か無償に近いボランテイアで、それだけで生計を立てるのが難しい。

　また、社会学者の吉澤弥生はその著書において、文化事業や国際芸術祭やアートプロジェクトに関わる多様な人々の働きの例を取り上げ、「そのほとんどが有期雇用の『その年暮らし』で、長時間労働かつ低賃金、雇用保険や社会保障とは程遠い存在である」[15] ことを指摘する。吉澤が取材したフリーランスでNPOの経理の仕事をしている30代女性は、「社会ではアーティストは『好きなことをやっているんだから』とずさんに扱われていると感じており、『周りの大切な人たちには仕事に見合った正当な報酬が確保されることを願っている』」と述べる[16]。吉澤はアーティストだけではなく、アーティストとの橋渡しをするNPOやその職員についても、それだけで成り立つ十分な収入を得ている人は少ないことを取材の中で明らかにしている。

　国際芸術祭やアートプロジェクトに行政や民間からの助成金はあるものの、その使途は限定されると共に短期的であって結果、個人への継続的な支援はないのが現状である。また、国際芸術祭やアートプロジェクトにおいては、従来のアーティストの作品イメージと異なり、大規模で多くの人の手が必要な作品がほとんどで、自然、ハイコストなものとなる。このような作品の場合には、一般のボランティアや美術大学の学生たちからの支援が必要となるが、アーティストで批評家の白川昌生は大学教員がアートプロジェクトの企画者であった場合のヒエラルキーについて取り上げ「自分がそうした使える（支配的）立場にいるということをどのくらい自覚しているだろうか」[17] と苦言を呈する。同様に、アーティストの会田誠はアーティストのアシスタントを行うことによって、その人脈を通じキャリアが形成できるという側面に触れ、肯定的な面を認めつつも、白川と同様にアーティスト間におけるヒエラルキーの構造について自身の経験を介した指摘を行なっている[18]。

第4節　成果主義の弊害

　様々な要因があると考えられるが、現在においては、不景気やコマーシャルギャラリーの台頭、レンタルギャラリーの減少、また極めて売買の成立しづらい作品の流行に伴って、アーティストとその作品の発表の場が各地域で開催される「芸術祭」やAIRも含めたアートプロジェクトに移行している。ただ、これらの場は、アーティストにとっては発表する機会を無償で得られるという利点はあるが、その招聘に当たってアーティストに当該地域に対する何らかの成果を求める傾向が強くみられる。

　目に見える成果はAIRだけではなく、美術館や自治体主催のアートプロジェクトそのものにも求められるもので、美術館は来場者数、国際芸術祭は地域における経済的な波及効果、AIRなどの場においてはワークショップや展覧会など、必ず地域に還元される何らかの成果を求められる。AIRでの展覧会やワークショップなどは、アーティストにとって成果を発表する稀有な機会でもあり、キャリア形成においても有効であるといえる。だが、僅かな期間での作品発表や地域住民や子供達との交流は、特に慣れない環境下での制作とあいまって、アーティストの大きな負担となることは容易に想像できる。公的な資金を伴って運営される団体において、一定の成果を求めることは運営側からするとやむを得ない面がある。だが、このように常に数字や具体的に現れる成果を求めることについては疑問を呈したい。

　社団法人メセナ協議会の萩原康子は「わが国のアーティスト・イン・レジデンス事業の概況」において次のように述べる。「事業の主催者が自治体主体となれば、アーティスト支援というAIR本来の趣旨以外にも、地域振興や地域の活性化といった要素が目的に加わってくる（…中略）招いた創造的な人的資源をいかに地域に開いていけるか、いきおいプログラムは、地域住民との交流に重きが置かれた内容となってくる。（…中略）アーティストは滞在期間中、スタジオを公開したり、トークやワークショップを行なうなど、何らかの手法で自らの活動について地域に公開することが求められている。ただでさえ成果

の見えにくい事業なだけに、地域住民との交流なくしては理解を得ることが難しい」[19]。

　これは特に文化芸術事業に限った話ではなく、科学振興などにも見られる傾向であるが、我が国においては個人や団体問わず、公金の投資に対して社会への還元、それも早期の結果を求める傾向が強く見られる。だが、アーティストが享受した経験は本来すぐに作品や対外的に還元できるものではなく、いつ、どの時期に成果が見えるのかは不明のものである。

　先にフィンランドの支援の事例についても取り上げたが、世界におけるアーティストへの支援はどのようになっているのだろうか。全てを把握しているわけではなく、各地によって事情は様々であろうが、ドイツの AIR に参加した当時 20 代のアーティストが経験し、後に筆者が聞いた例について取り上げたい（ここで取り上げるアーティストの1名は若くして既に亡くなられており、もう1名も事例掲載の確認はできなかったため、ここでは名前を伏せる）。

　中世西欧のイメージから作品を制作していた日本人アーティスト A は、当該地での滞在制作において、作品のイメージやリサーチを行い、何らかの成果や物としての作品を制作しなければならないと考えていた。それがアーティストとしてのキャリア形成であり、レジデンスに滞在する上での義務であると感じていた。同時期に滞在した同じ日本人アーティスト B も、AIR から与えられた自身の部屋で作品制作を行っていた。B は滞在先で調達したもの、借りたものや私物を組み合わせ、新しい形に組み立て直す手法を用いる、その場や環境に応じたサイト・スペシフィックで、かつ、現地の人々と交渉するリレーショナルな制作プロセスを主体としていた。

　既に複数の AIR を経験し、着実に経験を積み重ね、滞在制作に相応しい作品を制作する B の一方で、初めての AIR への参加で、目に見えて他者との関わりを必要としない平面作品が主体だった A にとっては、この2か月間の滞在当初は大変に苦痛なものであったと聞く。ただ、同時期に滞在していた諸外国のアーティストから見れば、2名とも勤勉な日本人の気質であるとも映ったが、スタジオに篭って制作に集中する B も、なんの成果も得られないのではないかと不安に陥る A も奇異に見えたようである。

　多くのアーティストにとって、AIR は何より作品制作の余白であり、自国での生活では得られない対話や経験を得る場として機能している。必ずしもその場で作品や経験を地域に還元する必要はないのである。また AIR 自体も公的な助成を受けて、専門のスタッフが常駐し、運営されているが、アーティストの側に何らかの成果を求めることはない。

　日本から来たアーティストは常に、何らかの成果を収めること、また他者からの見返りを求められてきたのだろう。もちろん、それはアーティストの年齢や事情、キャリア形成の意識において大きく異なるものである。まだ若い時期に作品を旺盛に作ることは必然であったには違いないが、地域社会の中で育まれたアーティストの意識、引いては社会に生きる人々のアートへの考え方の違いを表しているように思われる。

　筆者自身はベルギーのカステルレーにある AIR、フランツマゼレールセンターに滞在したことがある。そこでは滞在期間中に週に 1 回行われるアーティスト同士のミーティングへの参加や滞在終了後に作品を寄贈する義務はあったが、日本の AIR に課される展覧会やトークイベント、地域住民へのワークショップなどの義務は課されてはいなかった。フランツマゼレールセンターは版画専門の AIR であり、版画という媒体を用いて、画家やデザイナーなどのアーティストたちが、どのように版画の技法を経験し展開していくのか、アーティスト主体でプログラムが組まれていたことを強く実感している。毎日、制作するアーティストもいる一方で、滞在期間中は AIR での制作よりも AIR を拠点にしてヨーロッパを周遊し、目的を達成したら、本来の終了時期を待たずにプログラムを終えるアーティストもいた。文化的な違いと言われればそれまでであるが、殊更アーティストに対して義務や献身を求める日本の姿勢には疑問を持たざるを得ない。

第5節 おわりに

　2020（令和2）年4月16日に発令された新型コロナウィルス禍における緊急事態宣言の拡大に伴って、全国各地の観光事業、中小企業事業者に大きな打撃を与えたことは記憶に新しい。このコロナ禍においては、ライブハウスやミュージシャン、それを取り巻く多くのイベント事業者、特にフリーランスの個人事業主らが当初は、国からの支援も受けられず、窮地に立たされた。本稿において取り上げたアーティストやギャラリスト達も、その業務を休止し、展覧会やアートフェアなどの活動の中止を余儀なくされた。いち早く、切り捨てられた様にも見える、このような国内のアーティスト達の状況にあって、ヨーロッパの先進国、例えばドイツでは、2020（令和2）年5月7日にメルケル首相が「連邦政府は芸術支援を優先順位リストの一番上に置いている」[20]との声明と州ごとの支援をドイツ国民・アーティスト達に向け発表した。日本においても、文化庁が芸術家や芸術家団体への支援策を明らかにし、各自治体も独自の支援策を打ち出してはいる。しかし、ドイツの例を見るように為政者からの直接の言葉がどれほど人々の不安を和らげ勇気付けるのか、芸術・文化への手厚い支援を常とするヨーロッパの文化的成熟度と共に、国家・社会の文化芸術に対する意識の差について見せられた思いを持った人々は数多くいたはずである。

　「表現の不自由展・その後」においては、表現の自由を求める声も数多く上がった一方で、SNSを中心として多くの批判が挙がった。SNSで見る批判の多くは、「反日に類する表現は、公的な助成の中で行うことではなく、個人的な発表の場で行うのが望ましい」との意見に集約されるだろう。また、新型コロナウィルス感染症の安全面での配慮から中止となったひろしまトリエンナーレにおいては、プレイベントの作品「百代の過客」について、同様の批判から当初の運営体制を変更し、新体制に変わることとなった。この突然の方針変更への批判に対し、広島県知事は「広島は愛知とは違う。広島は芸術祭と観光祭のハイブリッドだ。（新体制で）一流のアーティストが来ないのならしかたな

い」[21] と述べ、結果、ディレクターの辞任とアーティスト約 30 組の出展辞退にまで至っている。「ジャパン・アンリミテッド」における外務省公認取り消し問題においては、「表現の不自由展・その後」に参加したアーティスト 2 組の展示に伴って、公認取り消し問題にまで発展したのに対し、主催者側のオーストリアは「表現の自由は守られなければならない」との声明を発表している[22]。

　日本でアートの浸透を促す取り組みはこれまでも各所で行われており、芸術祭は地方創生と共に文化振興の役割も負っていたはずである。しかし結局、アートに求められていた役割は観光に伴う地域経済への貢献であって、単なる流行に過ぎなかったことがこれらの事件によって明らかになったといえる。芸術祭によってアートが地域振興と観光の目玉として用いられることに異議はない。ただ、それがアートを人畜無害なものとして機能することを前提とし、アーティストに素朴な献身を求める姿勢は行政のあり方として余りに文化芸術への知見が浅く、幼いのではないか。物議を醸す作品の排除は、自分たちにとって都合良くアートを利用する、御都合主義にしか見えないだろう。

　今日、為政者の長期的な展望を欠いた政策は、科学技術振興・学術振興においても目に余るようになってきた。あらゆる面において、朝三暮四の猿ではない、長期的な視点に立脚した政策が強く求められている。

注
1)　文化庁『文化芸術関連データ集』　https://www.bunka.go.jp/seisaku/bunkashingikai/
　　seisaku/15/03/pdf/r1396381_11.pdf（2020 年 7 月 1 日確認）。
2)　八田誠『統計で見る芸術家の姿』　https://www.libertas.co.jp/report/20110624creator.
　　html（2020 年 7 月 1 日確認）。
3)　ホワイトキューブとは、美術館やギャラリーにおける何もない真っ白な壁の展示空間を指
　　し、不純物を極力廃して、その場に作品を展示することによって、作品の中立性を担保する
　　空間のことを指す。
4)　小学校学習指導要領「図画工作」には、鑑賞の指導に当たり配慮すべき事項、第 3 指導計
　　画の作成と内容の取り扱いの事項において「各学年の『B 鑑賞』の指導に当たっては、児童
　　や学校の実態に応じて、地域の美術館などを利用したり、連携を計ったりすること」との記
　　載がある。文部科学省『平成 29 年告示　小学校学習指導要領図画工作編』p.148。

5)　嶋崎吉信「美術館のボランティアを考える」嶋崎吉信・清水直子編著『がんばれ美術館ボランティア』淡交社、2001、p.9。

6)　サムワンズガーデン制作「世界の、アーティスト・イン・レジデンスから」BNN新社、2009、p.9。

7)　萩原康子「わが国のアーティスト・イン・レジデンス事業の概況」『AIR_J 日本全国のアーティスト・イン・レジデンス　総合情報』https://air-j.info/article/reports-interviews/now00/（2020年7月1日確認）。

8)　前掲注7)

9)　ニコラ・ブリオーが「関係性の美学」おいて示したリレーショナル・アートとは「作品の制作を最終目的とせず、観客や場との関係性によって、その意味を変える芸術」のことである。松井みどり「アート："芸術"が終わった後のアート」朝日出版社、2002、pp.160-161。

10)　山本さつき「14の点たち ― アートスペース dot の第一期活動」『名古屋造形芸術大学短期大学部紀要』13巻、2007、p.128。

11)　前掲注10)、p.129。

12)　井上明彦編集「自由工場記録集　1993.12.5-1995.3.31」、自由工場、1997、pp.14-15。

13)　スタジオ食堂は中山ダイスケ・須田悦弘ら若手ながら注目を集めたアーティスト9名によって運営されていた東京立川にある廃工場からスタートした共同アトリエである。後に廃工場から移転しキュレーターの沼田美樹らの加入によってアートセンターとしての機能も持つこととなったが、2000年に活動を休止している。休止には熊倉純子が様々な理由について考察しているが、「余暇的でボランタリーな活動の域を越えることができなかった」という沼田の弁にもある通り、運営スタッフが他所で運営資金を得なければならない状況が強く影響したものと考えられる。熊倉純子「アートの家がまちに生まれる可能性 ― 拠点づくりと組織運営」ドキュメント2000プロジェクト実行委員会『社会とアートのえんむすび 1996-2000』トランスアート、2001、p.172。

14)　フィンランド在住でユバスキュラにあるアーティスト・イン・レジデンス「Ratamo」のスタッフでアーティストの石山直司氏から伺ったところによると、フィンランドのアーティストの公的助成は Arts Promotion Centre Finland（https://www.taike.fi/fi/etusivu）と The Finnish Cultural Foundation（https://skr.fi/）がその代表であり、フィンランド人アーティストに広く認識され浸透しているとのことであった。

15)　吉澤弥生『芸術は社会を変えるか？ 文化生産の社会学からの接近』青弓社、2011、p.205。

16)　前掲注15)、p.209。

17)　白川昌生『美術館・動物園・精神科施設』水声社、2010、p.102。

18)　藤田直哉編著『地域アート　美学／制度／日本』堀之内出版、2016、pp.375-379。

19)　萩原康子「わが国のアーティスト・イン・レジデンス事業の概況」『AIR_J 日本全国のアー

ティスト・イン・レジデンス　総合情報』、https://air-j.info/article/reports-interviews/now00/（2020 年 7 月 1 日確認）。

20)　WEB 版『美術手帖』2020 年 5 月 16 日　https://bijutsutecho.com/magazine/news/headline/21933（2020 年 7 月 1 日確認）。

21)　WEB 版『美術手帖』2020 年 4 月 9 日　https://bijutsutecho.com/magazine/news/headline/21676（2020 年 7 月 1 日確認）。

22)　「『日本で問題起きた』反日批判で外務省急変　ウィーン美術展公認取り消し」『毎日新聞オンライン』2019 年 11 月 20 日　https://mainichi.jp/articles/20191120/k00/00m/030/263000c?pid=14606（2020 年 7 月 1 日確認）。

参考文献

熊倉純子監修『アートプロジェクト　芸術と共創する社会』水曜社、2018。

藤野一夫・秋野有紀・マティアス・T・フォークト編『地域主権の国　ドイツの文化政策　人格の自由な発展と地方創生のために』美学出版、2017。

川口幸也編『展示の政治学』水声社、2009。

藤野一夫＋文化・芸術を活かしたまちづくり研究会『基礎自治体の文化政策』水曜社、2020。

（児玉　太一）

第4章

県境を越えたボトムアップでの広域観光連携
― 鳥取中部圏域および岡山・蒜山地域 ―

第1節 はじめに

　鳥取県中央部に位置する鳥取中部圏域（倉吉市、湯梨浜町、三朝町、北栄町、琴浦町）および岡山県北部の真庭市蒜山地域（以下「岡山・蒜山地域」または「蒜山地域」という）においては、（一社）鳥取中部観光推進機構（旧・とっとり梨の花温泉郷広域観光協議会。以下「推進機構」という）の枠組みを通して2005（平成17）年から観光推進における広域連携（以下「広域観光連携」という）に本格的に取り組んでいる。

　この連携は2県・6市町（自治体）の区域にわたる広域観光連携で自治体、広域連合および民間団体（観光協会・旅館組合など）を中心に構成・運営されておりボトムアップでの広域観光連携といえるが、蒜山地域は自治体の一部区域に留まっており、しかも自治体（真庭市）はメンバーに入らず民間団体（蒜山観光協会）のみが加わるという珍しい連携のあり方である。では、鳥取県内5市町に県境を越えた蒜山地域が加わるという連携は、どのように行われているのか。そして、なぜ持続しているのか。

　本章では鳥取中部圏域および岡山・蒜山地域（以下「両地域」という）の広域観光連携について、地域概況、推進体制および具体的取組みを説明した上で、この連携が持続している要因について考察する。その上で、今後の両地域の広域観光連携のあり方を展望する。

　結論を先に述べれば、まず両地域の広域観光連携は自治体も関与しつつ民

図表 4-1 鳥取中部圏域および岡山・蒜山地域概況図

参考：とっとり梨の花温泉郷広域観光協議会（現・（一社）鳥取
中部観光推進機構）作成資料を加工して筆者作成。

間主導の性格が強いことを示す。そして、連携が持続している主な要因として
は、①元々の地域間のつながりが存在し、②双方の観光地としての存在感が
大きく相互補完的であるという地域特性上および地域資源上の背景が挙げられ
る。加えて、③交通網整備のタイミングを捉えて連携を発展させており、④
元々存在する連携枠組みを活用するという連携のあり方も要因に挙げられる。
特に④は、隣接地域に既存の広域観光ネットワークへのメンバーシップを与え
ることを意味しており、自治的な広域ガバナンス形成として本事例のモデル的
特徴と捉える。その上で、さらなる広域連携ニーズへの対応策として広域観光
団体同士の連携強化について展望する。

　本事例の考察を通して、地域の実状に応じた広域観光連携のあり方について
他地域でも参考となるヒントを提供したい[1]。

第2節　両地域の概要

　本節では鳥取中部圏域および岡山・蒜山地域のそれぞれについて、地域特性、主な観光資源、圏域や地域が形成された経緯、交通アクセスの状況について述べた後、両地域のつながりについて説明する。

　両地域は海岸エリア（鳥取中部圏域）と高原エリア（蒜山地域）という地域特性上の違いはありながら、古くから山陰と山陽をつなぐ陰陽連絡道を通してつながりが深く、現在に至るまで道路整備が継続的に行われてきたことで観光圏としてのまとまりが生まれていることを示す[2]。

1　鳥取中部圏域

　鳥取中部圏域は鳥取県の中央部に位置し、旧・伯耆国の東側（東伯耆）エリアの5市町から成る広域エリア（リージョン）であり、図表4-2からも分かるように中心都市は倉吉市である。市町村数は昭和の大合併（1953〜61（昭和28〜36）年）で41町村から10市町村に、平成の大合併（1999〜2010（平成11〜22）年：本圏域は2004〜2005（平成16〜17）年）で10市町村から5市町に減少している[3]。国（自治省・総務省）の広域連携制度・施策を積極的に活用しており、現在は鳥取中部ふるさと広域連合（1998年設立。以下「中部広域連合」という）のほか定住自立圏施策も活用している（池原2020：pp.40-42）。なお、倉吉市は鳥取中部圏域の4町および蒜山地域の全てと境界を接しており、図表4-1のとおり地理的にも中心的な位置にある。

　この圏域は海岸部、平野部、中山間地を含む地域で、観光地としては宿泊地でもある4つの温泉（三朝・はわい・東郷・関金）が核にあり、倉吉白壁土蔵群（重要伝統的建造物群保存地区）および青山剛昌ふるさと館（『名探偵コナン』の作者を顕彰）などが加わる。また、琴浦町は県外にも販路を持つ大山乳業協同組合（白バラ牛乳）の本所が存在するなど、乳業・畜産・水産物の生産が盛んである。圏域全体の年間観光入込客数は180〜220万人程度（2015〜19（平成27〜31）年度）であり[4]、宿泊者数は60万人程度（推進機構集計）

図表 4-2　鳥取中部圏域および岡山・蒜山地域の概況（2015 年）

区分			人口 （人）	面積 （㎢）	人口密度 （人／㎢）
鳥取中部 圏域	倉吉市		49,044	272.06	180.3
	湯梨浜町		16,550	77.94	212.3
	三朝町		6,490	233.52	27.8
	北栄町		14,820	56.94	260.3
	琴浦町		17,416	139.97	124.4
	小計（A）		104,320	780.43	133.7
岡山県 真庭市	（全体）		(46,124)	(828.53)	(55.7)
	蒜山 地域	旧・川上村	1,926	77.94	24.7
		旧・八束村	2,604	61.19	42.6
		旧・中和村	596	47.73	12.5
		小計（B）	5,126	186.86	27.4
対象エリア	計（A＋B）		109,446	967.29	113.1

参考：総務省統計局『平成 27 年国勢調査人口等基本集計』（2016 年）
　　　（https://www.stat.go.jp/data/kokusei/2015/kekka.html）を基に筆者作成。

となっている。

　交通アクセスについて、鉄道は東西方向に JR 山陰本線が通じており、倉吉駅は京阪神方面からの特急「スーパーはくと」の終点である（一部は鳥取駅止め）。1985（昭和 60）年までは倉吉駅から国鉄倉吉線が分岐しており、この路線を延長して蒜山地域を経由し中国勝山駅（姫新線）に接続する「南 勝 線」計画があったが、国鉄経営再建の一環で倉吉線が廃止されたため計画は頓挫している。

　道路交通については国道 9 号（高規格道路部分は「山陰道」と呼ばれる）が東西方向の幹線である。南北方向は湯梨浜町 ― 倉吉市 ― 三朝町 ― 岡山・鏡野町 ― 中国自動車道（院庄 IC）方面へと抜ける国道 179 号と、北栄町 ― 倉吉市 ― 蒜山地域 ― 米子自動車道（湯原 IC）方面へと抜ける国道 313 号が幹線となっている。なお、後述のとおり、国道 313 号については地域高規格道路「北条真庭道路」の整備が進行中である。

高速バスは、倉吉市から大阪・神戸、岡山、広島への便が通じている。航空路線は東京便が発着する鳥取砂丘コナン空港が最も近く、倉吉駅から連絡バスで45分程度である。

2 岡山・蒜山地域

蒜山地域は岡山県の北端部に位置し、もともとは旧・真庭郡の3村（八束村・川上村・中和村）にわたる広域エリア（リージョン）であり蒜山三村とも呼ばれていた。昭和の大合併では3村とも合併が行われないまま推移し、平成の大合併では蒜山三村での合併構想もあったけれども、結局2005（平成17）年に9町村が合併して真庭市となったことで自治体の一部エリア（サブ・リージョン）となり[5]、現在は市の出先機関として蒜山振興局が設置されている。特に旧・八束村と旧・川上村との関わりは深く、蒜山観光協会設立（1951（昭和26）年）には両村が参画しており、小中学校の設置・運営など教育委員会事務すべてについて共同処理を行う全国でも珍しい一部事務組合（蒜山教育事務組合）も設置していた。

真庭市の面積は岡山県内で最も広い829㎢で5市町から成る鳥取中部圏域（780㎢）よりも広く、蒜山地域（187㎢）だけでも北栄町と琴浦町を合わせた面積（197㎢）に匹敵する。太田昇真庭市長は「9か町村が合併した真庭市そのものがすでに"圏域"」（太田ほか2019：p.29）と指摘しているように、まさに広域合併により成立した自治体といえる。

蒜山地域には「蒜山三座」と呼ばれる3つの1,000メートル級の山々（上蒜山・中蒜山・下蒜山）があり、周辺エリアは大山隠岐国立公園に属している（1963（昭和38）年編入）。この山々の麓に蒜山高原（標高約500〜600メートル）が広がっており、八束・川上エリアでは涼しい気候を活かして「西の軽井沢」とも呼ばれる高原リゾート地が形成されている。人口は5,000人程度であるが年間観光入込客数は200〜250万人程度（2015〜19（平成27〜31）年度）であり、岡山県内では倉敷美観地区に次ぐ主要観光地である[6]。食・グルメに関しては乳牛（ジャージー牛）の育成が盛んで、近年はB級グルメ「ひるぜん焼そば」が「第6回B-1グランプリin姫路」（2011（平成23）年）に

おいて優勝（ゴールドグランプリ受賞）したことで全国ブランド化している。

　道路交通については図表 4-3 に示すように、主要道路として米子自動車道が通っており蒜山 IC から米子 IC までは 30 分程度である。また、南北方向には国道 313 号、東西方向には国道 482 号が通っているけれども、国道 482 号については蒜山地域の北東側は三朝町、西側は江府町と、両側とも鳥取県に挟まれている。蒜山地域から鳥取・大山方面には観光道路である「蒜山大山スカイライン」（県道 114 号）が通じている。

　一方、蒜山地域には鉄道が通じておらず、真庭市内の主要駅は中国勝山駅（姫新線）であるけれども、津山・新見方面へのローカル列車のみの運行である。高速バスについても蒜山地域を始発・終点とする路線は存在しないが、地域内および近隣の米子道・二川 B S では倉吉・米子・鳥取発着便の一部（岡山・大阪・広島便）で乗降可能であり、その他真庭市内からは岡山・大阪・広島・東京（夜行）への便が運行されている。航空路線に関しては米子鬼太郎空港から蒜山 IC まで 1 時間程度、岡山桃太郎空港から蒜山 IC まで 1 時間 20 分

図表 4-3　岡山・蒜山地域周辺地図

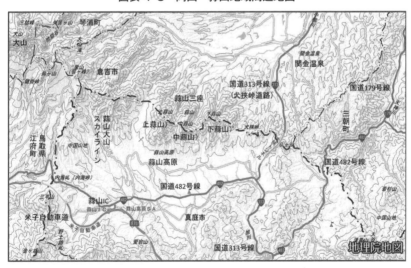

参考：国土地理院ウェブサイト掲載地図（https://maps.gsi.go.jp）（2020 年 5 月 22 日最終アクセス）を加工して筆者作成。

程度であるけれども、直通のリムジンバスなどは運行されていない。

　このように蒜山地域はJRや飛行機を使った場合のアクセスに制約があるため、後述するように自家用車やレンタカーでの周遊が中心のエリアとなっている。

3　両地域のつながり

　両地域は地理的に隣接しており、古くから犬 挟 峠を経由して山陰と山陽をつなぐ陰陽連絡道（伯耆往来・作州往来）が通っていたことから経済上・生活上のつながりが深く、両地域の広域観光連携が行われる基盤となっている。まず、両地域の住民生活や経済・観光に関わるつながりを示す代表的なデータを紹介したい。

　1つ目は通勤通学者数について、真庭市と倉吉市との間では相互の流出・流入が100人を超えている。真庭市から見れば流出・流入とも倉吉市は自治体として7番目の多さであり、県外自治体ではトップである[7]。2つ目は経済（購買）圏に関して、少し古いデータだが旧・八束村民を対象としたアンケート調査（1995（平成7）年実施）では衣料品や耐久消費材の購入地として倉吉市が50％を超える状況であった（八束村『第4次八束村振興計画』（1996）：p.73）。3つ目も経済圏に関してだが、倉吉信用金庫（本店：倉吉市）は鳥取中部圏域外の唯一の支店として真庭支店（旧・川上村内）を開設しており蒜山観光協会の会員でもある。なお、蒜山関係者へのインタビュー調査においても、買い物、娯楽、医療・出産などのため倉吉市や米子市周辺にはよく出かけるとのことであった。

　そして4つ目は、本章のテーマに直接関わる観光圏、すなわち観光客の流動についてである。（一社）真庭観光局（真庭市および真庭郡新庄村を管轄。以下「真庭観光局」という）により行われた委託調査（2019（令和元）年度）によれば、蒜山地域への来訪前に鳥取県を訪問した観光客の比率は19.0％、蒜山地域への来訪後に鳥取県へ訪問した観光客の比率は19.8％であり[8]、単純に合計すれば蒜山地域と鳥取県とを周遊した観光客の比率は約4割に達する。もちろん、鳥取中部圏域 ― 蒜山地域 ― 鳥取西部圏域というように蒜山来訪の前

後とも鳥取県を訪問する観光客も存在すると考えられるが、その重複分を除いたとしても蒜山地域と鳥取県には観光圏としてのまとまりが構成されているといえよう。

　歴史的に振り返れば、蒜山地域と鳥取県との強いつながりを象徴する出来事として、蒜山地域による鳥取県への編入運動である「分県騒動」(1948 (昭和23) 年) が挙げられる。これは戦時中から戦後直後の県単位での食糧配給化に伴い鳥取県側からの物流が途切れたことで蒜山地域の住民に不満がたまり、蒜山三村の農協を中心に鳥取県への編入に向けて陳情や請願などが行われたという出来事であった。鳥取県側も蒜山地域の編入を歓迎していたけれども、結局、岡山県知事が県議会で善処すると約束したことで収束している[9]。

　さらに、戦後の高校教育においては蒜山地域から鳥取中部圏域への進学が可能な時期もあった。それは1949 (昭和24) 年から75 (昭和50) 年にかけてであり、蒜山地域は岡山・真庭圏域に加えて鳥取中部圏域への進学が可能な二重学区となっていた (八束村史編纂委員会 1982：pp.787-788、pp.796-797)。実際、鳥取県立倉吉東高等学校 (鳥取中部圏域内の進学校) には年間数人程度の進学実績があり (川上村史編纂委員会 1980：pp.913-915)、当時の関係者へのインタビュー調査によれば親戚や下宿などへの住み込みが行われていたという。

　それでは、なぜ蒜山地域と鳥取県、とりわけ鳥取中部圏域との間にはこのような強いつながりが生まれ、現在まで継続しているのだろうか。それは、先述のように地理的に隣接していて古くからの交通路が通じていたことが基盤にあるが、加えて現在に至るまで道路整備が継続して行われてきたことが影響していると考えられる。観光圏の形成においては交通アクセスが大きく影響するが、先述のとおり蒜山地域は鉄道や航空路線のアクセスに恵まれておらず、来訪客の9割近くが自家用車またはレンタカー利用との調査結果もあるため (真庭市 2020：p.18)、道路交通のあり方が決定的に重要となる[10]。

　両地域を結ぶ国道313号においては現在も地域高規格道路「北条真庭道路」(約50km) が整備中であり、後述のとおり国道9号分岐 (北栄町) から蒜山地域までの開通 (2027 (令和9) 年目標) に向けて工事が進行している。1997 (平成9) 年には「犬挟峠道路」(9km) が先行開通し、倉吉市街から蒜山IC

まで40分程度とアクセスが大きく改善した。この犬挟峠道路を通って真庭市コミュニティバス「まにわくん」中曽―関金線（日曜日を除き1日3便）が運行されており、終点の関金温泉では倉吉駅への路線バスに連絡している。

　ただし、蒜山地域と鳥取県とのつながりについては鳥取西部圏域に関しても存在することに留意する必要がある。鳥取西部圏域に向けては古くから中国地方最高峰・大山へ向かう大山往来や江府町へ向かう道が通じており、蒜山大山スカイライン（1970（昭和45）年開通）、米子自動車道（1992（平成4）年開通）、国道482号・下蚊屋バイパス（2012（平成24）年開通）などが整備されてきた。定番の観光ガイドブックである『るるぶ』『まっぷる』では、鳥取県版と岡山県版の双方において大山・蒜山地域を一体の観光エリアとして紹介しており、広域的な山岳・高原エリアとしての観光ブランドが構築されている。

第3節　広域観光連携の推進体制および具体的取組み

　本節では、両地域の広域観光連携の推進体制および具体的取組みについて説明する。まず広域観光連携の推進体制として推進機構（（一社）鳥取中部観光推進機構）の概要を説明し、主要関係団体の連携に対する意向を確認した上で、具体的な広域観光連携取組の内容について説明する。なお、主な経過は図表4-4のとおりである。

　両地域の連携は蒜山観光協会が推進機構に加入することで進められており、自治体（真庭市）は直接加わらず民間主導による広域連携という性格が強いことを示す。その上で、両地域を対象としたスタンプラリーやバスツアーを中心に具体的な取組内容および成果について紹介する[11]。

1　推　進　体　制

　両地域の広域観光連携は推進機構により具体的な取組みが行われている。推進機構は全24団体で構成され、鳥取中部圏域の自治体（1市4町）、広域連合、観光関連団体および鳥取県（中部総合事務所）に加えて蒜山観光協会も構成団体となっている。推進機構は2016（平成28）年に設立された比較的新しい法

図表 4-4　鳥取中部圏域及び真庭／蒜山地域の主要観光関連年表

年	鳥取中部圏域	真庭／蒜山地域	交通その他
1948			蒜山三村「分県騒動」（鳥取県への編入運動）
1951		蒜山観光協会設立	昭和の大合併（1953-61）
1963		蒜山地域が大山隠岐国立公園に編入	・鳥取中部：41 町村 → 10 市町村 ・蒜山：3 村 → 3 村（合併なし）
1970			大山蒜山有料道路（スカイライン）開通
1972	鳥取県中部観光協会設立		
1975			中国自動車道（吹田 IC ～落合 IC）開通
1985			国鉄倉吉線廃止（南勝線構想が挫折）
1992			米子自動車道開通
1994			智頭急行線開通
1996	とっとり梨の花温泉郷連絡協議会設立（事務局：三朝温泉旅館協同組合）		
1997			犬挟峠道路（R313）開通
2005	とっとり梨の花温泉郷広域観光協議会設立（事務局：倉吉市）	真庭市観光協会設立	平成の大合併（1999-2010） ・鳥取中部：10 市町村 → 5 市町
2006		真庭観光連盟設立（真庭市および真庭村新庄村を管轄）	・蒜山：3 村 → 1 市（真庭市の一部） ※真庭市（2005 ～）は 9 町村合併
2008		真庭観光連盟を公益財団法人化	
2010	・梨の花協議会の事務局を鳥取中部ふるさと広域連合へ移管 ・鳥取中部国際観光サポートセンター設立		〈整備中〉 ・山陰道（北条道路） 　2026 完成目標 ・北条真庭道路（北条～蒜山） 　2027 完成目標 ・米子自動車道 　順次拡幅
2013		・真庭観光連盟を一般社団法人化 ・旅行業（地域限定）登録	
2016	・（一社）鳥取中部観光推進機構設立 ・旅行業（第 3 種）登録		
2017	鳥取中部観光推進機構が観光庁 DMO に登録		
2018		・（一社）真庭観光局に改組 ・旅行業（第 2 種）登録	
2020		真庭観光局が観光庁 DMO に登録	

参考：筆者作成。

人であるが前身のとっとり梨の花温泉郷広域観光協議会（以下「梨の花協議会」という）は2005（平成17）年に任意団体として設立されており、梨の花協議会の設立にあわせて蒜山観光協会が加入したことで両地域の広域観光連携が本格的に始まった。そのため、現在では15年以上にわたる広域連携取組みとなっている。

歴史をたどれば、梨の花協議会は「とっとり梨の花温泉郷連絡協議会」（1996（平成8）年設立。以下「梨の花連絡協議会」という）および鳥取県中部観光協会（1972（昭和47）年設立）という2つの任意団体が統合して設立されたものである[12]。前者の梨の花連絡協議会は、交通網の整備が大きな契機となって設立された。具体的には関西方面への鉄道高速化（1994（平成6）年智頭急行線開通）、米子自動車道開通（1992（平成4）年）および国道313号・犬挟峠道路開通（1997（平成9）年）などであり、交通網整備に伴う観光圏の広域化に対応した体制整備と位置付けられる。

さらに梨の花協議会への再編は平成の大合併と同じ時期に行われた。関係者インタビューによれば、この再編は市町村合併とは別の場で調整されたようだが、鳥取中部圏域での合併（10市町村から5市町）は2004（平成16）年から2005（平成17）年にかけて行われていることから、市町村合併に伴う自治体の広域化に対応した体制整備と位置付けられる。なお事務局については、梨の花協議会設立後しばらくは倉吉市が担当したが、2010（平成22）年に中部広域連合へ移管され、2016（平成28）年の推進機構設立までは中部広域連合が事務局を担っていた。

現在、推進機構は法人格を持ち独立の事務局とプロパー職員（事務局長以下）を有しているが、基本財産（300万円）は全て中部広域連合が出資している。また、毎年度の収入は構成団体からの負担金や事業収入に加えて中部広域連合からの広域観光連携モデル事業委託費（3,000万円、うち半額は鳥取県から補助）が存在し、全体収入の半分程度の比率を占めている。そのため推進機構は中部広域連合による広域観光施策の実施組織（エージェンシー）的な性格を有しているといえるが、会長は梨の花協議会時代から民間団体の長（温泉旅館組合長）が就任しており官―民（行政―民間）の連携という性格も有する。

　なお県との関係について少し触れると、鳥取県は2001（平成13）年に「とっとり梨の花温泉郷づくり推進本部」を設置し、主体的に鳥取中部圏域の広域観光体制に関する検討・調整を行った時期もあったが、基本的にはサポート役に徹している。

　推進機構の主な事業は、観光情報発信、国内外への誘客プロモーション、広域周遊促進、受入環境整備である。特にインバウンド（外国人観光客）誘客に関しては、梨の花協議会時代の2010（平成22）年に鳥取中部国際観光サポートセンターを設立し、海外プロモーション、情報発信、受入環境整備などに取り組んできた。このインバウンド誘客の活動が地元関係者に広域観光推進の重要性を再認識させることになり、推進機構は2016（平成28）年に一般社団法人化および旅行業登録（第3種）を行い、さらに翌2017（平成29）年には観光庁の日本版DMO（観光地域づくり法人）の第1弾グループとして登録されることにつながっている[13]。

　蒜山地域では先述のとおり蒜山観光協会（1951（昭和26）年設立）が推進機構に加入し、協会長は推進機構の理事に就任している。一方、真庭市全域を含むDMOである真庭観光局は2020（令和2）年に日本版DMOに登録されているけれども、真庭市と同様、両地域の連携の枠組みに直接は加わっていない。

2　主要関係団体の連携意向

　具体的な連携内容を説明する前に、主要関係団体が両地域の連携に関してどのような意向を持っているのかを確認しておきたい。図表4-5は、中部広域連合、倉吉市、推進機構、真庭市、蒜山観光協会および真庭観光局の計6団体が、それぞれの計画などにおいて両地域の連携に関してどのような意向を持っているかを整理したものである。

　先述のとおり推進機構および蒜山観光協会が両地域の連携主体であるけれども、それに加えて真庭観光局が推進機構との連携を行うことを計画に明記しており、DMO化を契機に推進機構との連携を強化する姿勢を示していることが注目される。一方、中部広域連合や自治体（倉吉市・真庭市）はDMOの体制整備や支援を行う中で触れる形に留まっている。そのため、両地域の連携

図表 4-5　鳥取中部圏域および岡山・蒜山地域の連携に関する主要関係団体の意向

区分		関係団体	計画名称等	策定年	両地域の連携に関する記述	
						記載内容
鳥取中部圏域	行政	鳥取中部ふるさと広域連合	第2次鳥中部広域観光ビジョン	2019	○	・鳥取中部観光推進機構を中心とする広域観光取組について記載 ・鳥取県東部・西部や岡山県北部（蒜山地域等）との連携強化による情報発信について記載
		倉吉市	倉吉市まち・ひと・しごと創生総合戦略（改訂版）	2020	○	広域観光連携を推進するため、鳥取中部圏域および蒜山地域で組織する「とっとり梨の花温泉郷広域観光協議会」のDMO化について記載
			第11次倉吉市総合計画後期基本計画	2016	○	観光振興に関して、鳥取中部圏域および蒜山地域を含む鳥取中部観光推進機構との連携による情報発信等について記載
	民間	（一社）鳥取中部観光推進機構	（定款、役員）	2016	◎	・蒜山地域を区域に含む ・蒜山観光協会長が理事に就任
			日本版DMO形成・確立計画	2017	◎	・蒜山地域を区域に含む ・関係都道府県・市町村に岡山県および真庭市を含む
岡山・蒜山地域	行政	真庭市	真庭市まち・ひと・しごと創生総合戦略（延長改訂版）	2020	△	観光推進体制に関して、鳥取・島根両県および市町村との連携による広域観光振興について記載
			真庭市蒜山地域振興計画	2020	○	現状の鳥取中部観光推進機構等との広域連携取組に触れつつ、倉吉、米子、皆生温泉、境港等との連携強化の方向性を記載
	民間	蒜山観光協会	（鳥取中部観光推進機構　役員）	2016	◎	鳥取中部観光推進機構に参画（協会長が推進機構の理事に就任）
		（一社）真庭観光局	日本版DMO形成・確立計画	2019	○	蒜山地域を対象区域とする鳥取中部観光推進機構との連携強化について記載

参考：筆者作成。

については民間が前面に立って自治体や広域連合がサポートする形となっており、自治体主導の広域連携（自治体間連携）というよりも民間主導の広域連携（広域ガバナンス）という性格が強いといえる。

　なお、真庭市および（一社）真庭観光連盟（現・真庭観光局）は『真庭市観光戦略』（2017（平成29）年。以下『戦略』という）の中で真庭地域の観光振興体制に関する改革構想を示している。その行方によっては両地域の連携のあり方に変化が生じる可能性があるので、その概要を紹介しておきたい。

　真庭市内には真庭観光局のほか狭域エリアに4つの観光協会（蒜山・湯原・勝山・北房）が存在するけれども、『戦略』ではこれらの4団体について広域観光組織との連携強化あるいは統合を行う方針が示されている。具体的には2つの案が提案されており、第1案は情報発信と観光客受入窓口のみを広域観光組織に一元化するもの、第2案は4つの観光協会を組織ごと広域観光組織に統合するというものである。

　真庭観光局は真庭市合併（2005（平成17）年）後に設立された真庭観光連盟（2006（平成18）年設立）が前身で、真庭観光連盟を改組する形で2018（平成30）年に設立されており、梨の花協議会および推進機構と同様に市町村合併に伴う自治体の広域化に対応して体制整備が行われたものである。そしてこの『戦略』は、広域観光組織の整備に伴い狭域単位の観光協会との再編を狙ったものといえよう。

　実際に情報発信については、2019（令和元）年、各観光協会のホームページを真庭観光局のホームページの下に統合しており機能の一元化が進みつつある。今後どこまで統合が進むかは未定だが、今後の両地域の連携のあり方を考えるに当たっては真庭観光局と蒜山観光協会との関係の変化に注目する必要がある。

3　両地域の広域観光連携取組み

　それでは両地域の具体的な広域観光連携取組みについてであるが、全体取組みとしては情報発信（パンフレット・ホームページ・SNSなど）、旅行会社（国内外）への誘客プロモーション、観光・グルメ関係イベントへの相互出店など

が行われている。個別取組みとして特に重要であるのは広域周遊取組みである「6エリアスタンプラリー」と、推進機構が主催旅行社となって催行した両地域をめぐるバスツアーであり、本項ではこの2つの取組みを紹介したい。

まず6エリアスタンプラリーとは、鳥取中部圏域（1市4町）と蒜山地域の計6エリアにおいて観光客の周遊および宿泊を促進するための取組みである。約30か所の観光施設にスタンプ台が設置されており、異なる3つのエリアのスタンプを集めて応募すれば抽選で地元特産物（梨・日本酒・お菓子など）が賞品として当たる仕組みである。宿泊促進のための仕掛けも導入されており、宿泊者は宿泊施設で2つのスタンプを押すことができるため、宿泊エリア以外のスタンプを1つ押せば3つのスタンプがそろい応募資格を得る。

スタンプラリーは春・夏・秋の3シーズン（各2か月程度）ごとに実施されており、商品も各シーズンで異なる。近年の応募件数は6千通から7千通の間であったが、2019（令和元）年度は7,384通と好調であった。このうち蒜山地域で押されたスタンプは1,960個で、応募者の1/4以上（26.5％）が蒜山地域と鳥取中部圏域とを周遊していることになり、両地域の周遊促進取組みとしての効果が認められる。

6エリアスタンプラリーは梨の花協議会設立（2005（平成17）年）の後にスタートしたもので、参加者は比較的簡便に参加できるが運営者にとっては相応の手間がかかる仕組みである。すなわち、設置場所の調整、パンフレットの作成・配布、スタンプおよび応募箱の送付と回収、情報発信・PR、賞品の調整と送付、応募結果の集計と分析などの業務が発生する。しかも春・夏・秋と賞品が変わるため、それだけ手間も増える。大きな役割分担としては、推進機構が全体の管理・調整を、各エリアの観光協会やホテル・旅館組合などが地元対応を担っており、推進機構の構成団体だけでなく観光施設・宿泊施設など多くの関係者の了解を得なければならない。

にもかかわらず、このスタンプラリーが約15年も続いていることは、多くの参加者を得ていることに加えて取組みの効果が関係者に広く共有されていることを物語る。両地域をつなぐ定番の連携取組みになっているといえよう。

もう一つの主要な広域観光取組みは、2017（平成29）年から18（平成30）

年にかけて催行された日帰りバスツアーである。具体的には「鳥取蒜山とりミングバス」(2017（平成29）年4〜9月：毎週日曜日）、「サンキューバス」(2017（平成29）年9〜12月：毎週土曜日）、「白壁土蔵群・蒜山高原・日本海をめぐるバスツアー」(2018（平成30）年7〜9月：毎週土・日曜日）という3つの種類があった。いずれも朝に倉吉駅・はわい温泉（湯梨浜町）・三朝温泉（三朝町）を出発して、鳥取中部圏域と蒜山地域の観光地を数か所回り、夕方に戻ってくるという内容である。

　もともと蒜山地域には、先述のとおりJR・飛行機からの交通アクセスに制約があるという課題があったところ、2018（平成30）年はJRグループの観光キャンペーンである「山陰デスティネーション・キャンペーン」が開催され、2017（平成29）年はそのプレキャンペーンが行われたため、鳥取県からの呼び掛けもありこれらのキャンペーンに合わせて催行されたものである。

　これら3つのバスツアーは推進機構の募集型企画旅行として催行されており第3種旅行業登録を行った成果が発揮されている。第3種旅行業者が実施する募集型企画旅行は原則として営業所が所在する市区町村およびその隣接市区町村の区域に限られるが、推進機構の所在地である倉吉市は先述のとおり他の5市町と直接境界を接しているため、6自治体をめぐるバスツアーを催行することができたものである。

　ただし、いずれのバスツアーも1便当たり平均乗車人数は1桁台であり、2019（令和元）年以降は催行されていない。特に2018（平成30）年は、西日本豪雨（平成30年7月豪雨）の発災に伴い交通網に大きな混乱が生じたことが利用の伸び悩みに影響している。その他、PRのあり方、旅行商品としての販売方法、価格設定などについても課題があったように思われる。

　けれども、推進機構が蒜山地域での交通アクセスの制約という課題に対応し、DMO化したことを活かして両地域での広域的な旅行商品の造成を実現したという点では広域観光連携における一つの成果といえるだろう。このバスツアーの催行を通して得た課題も踏まえて、今後も試行錯誤しながら様々な広域観光連携取組みを持続的に展開することが求められる。

第4節　両地域の広域観光連携が持続している要因

　以上、両地域における広域観光連携の背景や取組みについて説明してきた。それでは、なぜ両地域の広域観光連携は持続して行われているのだろうか。

　両地域の広域観光連携が持続している主な要因として、本章では以下の4点に着目する。まず地域特性上および地域資源上の背景として、①地域間のつながりが存在しているということと、②双方の観光地としての存在感が大きく、相互補完的であるということである。加えて連携のあり方として、③交通網整備のタイミングを捉えて連携を発展させていることと、④元々存在する連携枠組みを活用しているということである。

　この中で本章が特に注目するのは、④の元々存在する連携枠組みを活用しているという点である。すなわち、つながりの強い隣接地域に広域観光ネットワークへのメンバーシップを与えるという連携手法についてである。

　これらの要因に関して両地域における概況を説明すると、①地域間のつながりについては第2節3で説明したとおり両地域では古くからのつながりが現在に至るまで継続している。②双方の観光地としての存在感の大きさと相互補完性については、高原地域である蒜山地域は夏季の観光客が中心であるが冬季の観光客が少なく、また宿泊施設はそれほど多くない。一方、日本海沿岸にある鳥取中部圏域は「カニと温泉」を求める観光客があるため冬季も大きくは減少せず、また温泉旅館を中心に宿泊施設も多いため、双方の特徴が異なり相互補完的である。③交通網整備のタイミングを捉えた連携体制整備については、第3節1で説明したとおり鉄道高速化や道路整備（米子自動車道・犬挟峠道路など）が連携強化の大きな契機となっている。

　そして本章が注目する④の元々存在する連携枠組みの活用については、平成の大合併に対応して梨の花協議会を設立することにあわせて蒜山観光協会が加入し、引き続き推進機構にも加入している。新たな連携枠組みを設けず、既存の広域観光組織に隣接地域の民間団体が県境や市町村境、そして圏域にこだわらず直接メンバーに加わっていることが本取組みのユニークな特徴でありモデ

ル性であるといえるだろう。

　この元々存在する連携枠組みの活用という連携手法は、もちろん地域の実情に応じてではあるが他地域でも応用可能と考えられる。関係者インタビューの中で「観光客に行政の境は関係ない」との言葉があったが、観光施策は来訪する観光客や旅行会社など外部からのニーズに柔軟に対応していく必要があり、しかも圏域の重複もそれほど問題とはならない。つながりの強い隣接地域に広域観光ネットワークのメンバーシップを与えるという連携手法は、地域における自治的な広域ガバナンス形成のあり方として評価できよう [14]。

　なお類似の例として、鳥取西部圏域の代表的な広域観光組織である大山山麓・日野川流域観光推進協議会（任意団体）がある。もともとは大山山麓観光推進協議会という名称であったが、2019（平成31）年には名称に「日野川流域」を追加して日野町・日南町が加入し、鳥取西部圏域の全 9 市町村をカバーすることとなった。さらに 2019（令和元）年から 2020（令和 2）年にかけて、圏域を越えて鳥取中部圏域の琴浦町および倉吉市が「東大山地域」という位置付けで加入している。

第 5 節　今後の課題

　本章の最後に、両地域の広域観光連携に関する今後の課題について展望したい。人口減少という日本全体を覆う課題はもちろん両地域にも妥当するけれども、それに加え大きな変化の方向性として以下の 3 点が挙げられる。

　1 点目は、先述した真庭地域における観光推進体制整備への対応である。情報発信や誘客プロモーションにおける真庭観光局の機能強化が進んでおり、推進機構には蒜山観光協会に加えて真庭観光局との連携強化が求められる。

　2 点目は、道路交通網の整備に伴うさらなる観光圏の広域化への対応である。地域高規格道路「北条真庭道路」の北栄町～岡山・蒜山地域間の完成目標は 2027（令和 9）年であり、加えて山陰道「北条道路」（湯梨浜町～琴浦町：2026（令和 8）年完成目標）の整備に伴い山陰道・鳥取～米子間の全線が開通することになる。また米子自動車道の拡幅整備（全線 4 車線化）も順次進行中

である[15]。

　3点目は、新型コロナウイルス感染症の世界的流行に伴い激減した観光需要の回復への対応である。当座は国内需要中心の対応となるだろうが、今後のインバウンド需要の一定回復も見込んだ誘客体制整備が求められる。

　これらの変化の課題に対応するための方策として、鳥取中部圏域 — 岡山・真庭地域 — 鳥取西部圏域をトライアングルとする広域観光連携の強化が考えられるだろう。具体的には、推進機構（鳥取中部圏域）、真庭観光局（岡山・真庭地域）、大山山麓・日野川流域観光推進協議会（鳥取西部圏域）という3圏域間での広域観光組織同士の連携強化である。そして蒜山地域は、まさにこの3圏域の結節点に当たる。

　圏域間連携のテーマとしては、まずはエリア全体での誘客および周遊促進が重要である。主な取組として高速道路・高規格道路を活用した周遊ルート構築、米子鬼太郎空港や岡山桃太郎空港を発着する国内外の航空路の活用に加えて、復調には一定の期間を要するだろうが境港に寄港する国際クルーズ船乗客の周遊促進が考えられる。これらの取組みを実現するためには、自然に恵まれ人口密度も少ないという地域特性を生かしながら、エリア全体に具体的なメリットが及ぶような観光ブランドの構築が求められる。あわせて交通アクセスへの対応も必要となるだろう。

　また、各広域観光組織で行っている外国人観光客の受入態勢整備（多言語表示・多言語対応アプリなど）、専門人材育成（多言語対応・トレッキング・サイクリングなど）、情報発信、さらに新型コロナウイルス感染症対策などについて、共同で取り組むことにより効率化を図ることも検討に値する。

　一方で、広域化の取組みを進めることで自治や参加の観点が薄れてはならない。各自治体や観光関連団体、そして地域住民が広域での観光取組みを自分事と感じ続けられるかどうかが重要である。例えば真庭市の『戦略』は住民参加のワークショップを開催しながら策定されており、現在も真庭観光局では一般住民からの声を直接吸収する取組みを進めているとのことだが、このような視点や取組みは極めて重要である。

　環境の変化に対応して機能的な連携を柔軟に行いながら、地域関係者や地域

住民から「自分事」と感じてもらうようにすること。これが広域観光連携における最も重要な課題であろう。

謝　辞

　本章の執筆に当たっては、以下の方々にインタビュー実施や関係資料の提供など大変お世話になりました。この場を借りて御礼申し上げます（年月日はインタビュー実施日）。

　（一社）鳥取中部観光推進機構・蔵求康宏事務局長（2020 年 3 月 6 日）、高多彬臣氏（元・鳥取県教育委員：2020 年 3 月 14 日）、蒜山観光協会・亀山尚事務局長（2020 年 6 月 15 日）、（一社）真庭観光局・木村辰生事務局長（2020 年 6 月 15 日）、真庭市産業政策課・長須久美子参事（2020 年 6 月 15 日）、宮永優氏（元真庭市産業観光部長：2020 年 6 月 21 日）、岩本善文氏（元倉吉市企画振興部長、元鳥取中部ふるさと広域連合事務局長：2020 年 6 月 23 日）、鳥取中部ふるさと広域連合・矢吹進会計管理者（資料提供）。

注

1)　筆者は 2010 年度から 2011 年度まで鳥取中部ふるさと広域連合中部発信課（とっとり梨の花温泉郷広域観光協議会事務局兼務）、2012 年度から 2014 年度まで鳥取県中部総合事務所地域振興局で勤務した経験があるけれども、本章の記載内容は全て筆者の個人的見解であるのでお断りしておきたい。

2)　本節の記述は特記したもののほか、石原（1991）、川上村史編纂委員会（1980）、倉吉商工会議所創立 100 周年記念誌編集委員会（2000）、中村（2019）、真庭市（2020）、宮永（2016）、八束村史編纂委員会（1982）を参考とした。

3)　鳥取県立公文書館『鳥取県下の市町村合併の推移』2007。鳥取県市町村課『平成の大合併の記録』2006、pp.10-21、pp.39-42。

4)　鳥取県観光戦略課『令和元年観光客入込動態調査結果』（2020）。なお、ここでは「とっとり梨の花温泉郷周辺」と「東伯耆周辺」の合計数を示しているが、「東伯耆周辺」には鳥取西部圏域である大山町の一部地域（旧・中山町エリア）も含まれる。

5)　森川洋「中国地方 5 県における『平成の大合併』の比較考察」『自治総研』第 37 巻第 1 号、2011、p.42。

6)　岡山県観光課『観光客・その流れと傾向 — 令和元年岡山県観光客動態調査報告書 —』（2020）。

7)　総務省統計局『平成 27 年国勢調査　従業地・就学地による人口・就業状況等集計』（2017）（https://www.e-stat.go.jp/dbview?sid=0003179302、https://www.e-stat.go.jp/

dbview?sid=0003179285：2020年6月19日最終アクセス）。

8) （株）アンド・ディ（（一社）真庭観光局委託実施）『2019年度真庭地域来訪者満足度調査調査結果報告書』2020、pp.37-38。なお本調査では、鳥取県の中の区分（鳥取中部圏域・鳥取西部圏域など）は設けられていない。

9) 川上村史編纂委員会（1980：pp.412-413）、八束村史編纂委員会（1982：pp.310-311）、『日本海新聞』1948年7月8日、同7月12日、同8月24日、同8月25日。

10) 蒜山地域の観光訪問客数が1970年代に急増して県下を代表する観光地へと成長した背景として、中国自動車道などの開通が大きく影響したことが指摘されている（石原1991：pp.6-9、川上村史編纂委員会1980：pp.844-847、宮永2016：p.61）。

11) 本節の記述は、（財）中国産業活性化センター編『岡山県真庭地域振興計画調査報告書（真庭地域の観光振興強化方策調査）』（2006）、鳥取中部ふるさと広域連合『一般社団法人鳥取中部観光推進機構経営状況報告書』（2019）、中村政三「顔の見える産業観光『バイオマスツアー真庭』」『地域開発』第615号（2016）のほか、（一社）鳥取中部観光推進機構、鳥取中部ふるさと広域連合、蒜山観光協会および（一社）真庭観光局からの提供資料を参考とした。

12) 梨の花連絡協議会は三朝町、東郷町、羽合町、関金町の4温泉地に倉吉市を加えた5市町の行政および観光関係団体で、鳥取県中部観光協会は鳥取中部圏域の10市町村の行政および観光関係団体で構成されていた。なお、鳥取県中部観光協会に旧・中和村が加入していたとの記述（倉吉市議会会議録（web版）平成9年第2回定例会第2号：1997年3月10日（早川芳忠市長答弁））があるが、詳細は不明のため別途調査を期したい。

13) 観光庁は日本版DMO（Destination Management/Marketing Organization：2015年創設）について、複数都道府県エリアの「広域連携DMO」、複数市町村エリアの「地域連携DMO」、市町村より狭域エリアの「地域DMO」という3類型を設けており、推進機構と真庭観光局は地域連携DMOに登録されている。なお、全国の地域連携DMOの登録件数は79件、その候補団体の登録件数は35件で計114件である（2020年3月末現在）。

14) 戸田・高橋（2007：pp.3-4）は、行政の狭間となりやすい県境地域での広域連携の実践が国の手によらない広域地域の選択・形成という自治的な意義を有することを指摘している。

15) 鳥取県『鳥取県道路の整備に関するプログラム（一部改正）』（2020）（https://www.pref.tottori.lg.jp/283809.htm：2020年6月11日最終アクセス）。

参考文献

池原真「人口減少下における広域ガバナンスと広域連合」『立命館法学』第387・388号、2020。

石原照敏「リゾート開発計画と地域経済 ── 蒜山地域の場合」『岡山大学産業経営研究会研究報告書』第26号、1991。

太田昇ほか「パネルディスカッション」（「公開講座　自治体は『2040年問題』にどう向き合うか」）『都市問題』第110巻第9号、2019。

川上村史編纂委員会編『川上村史』川上村役場、1980。

倉吉商工会議所創立 100 周年記念誌編集委員会編『倉吉商工会議所 100 年のあゆみ』倉吉商工会議所、2000。

戸田敏行・高橋大輔『県境地域づくりの試み』あるむ、2007。

中村聡志「真庭市の概要と取り上げる事例」・「真庭市における木質バイオマス利活用の取組みの創出」白井信雄・中村聡志・松尾純廣編『地域マネジメント草書 ― 岡山の地域づくりに学ぶ ―』大学教育出版、2019。

真庭市『真庭市蒜山地域振興計画』、2020。

宮永優「大山隠岐国立公園蒜山高原　地域資源を活かした観光まちづくりの取り組みと、新しい風」『地域開発』第 615 号、2016。

八束村史編纂委員会『八束村史』八束村、1982。

（池原　真）

第 5 章

学校運営能力向上のための取組み
— 学校事務職員が学校運営に参画するために —

第1節　本章の目的

　公立の小学校、中学校等（以下単に「学校」という）の教員の長時間勤務の解消のため、学校における働き方改革の議論 [1] がされている。その趣旨は、膨大になってしまった学校および教員の業務の範囲を明確にし、限られた時間の中で教員の専門性を生かしつつ、授業改善のための時間や児童生徒に接する時間を確保できる勤務環境を整備する必要があるためである。

　もっとも、学校の業務負担の軽減には時間を要することから、当該業務について優先順位をつけ、時間を効果的に配分して業務を処理する能力 — 学校運営能力 — が求められる。

　学校運営については、管理職（特に校長）のリーダーシップと関連していることから、管理職の学校運営能力を対象に多くの議論がされてきた。

　近年、「チームとしての学校の在り方と今後の改善方策について」（平成27年12月21日付け中央教育審議会答申）や、それを受けて行われた平成29年学校教育法の一部改正 [2] による事務職員（以下「学校事務職員」という）の職務内容の変更を契機に、学校事務職員に求められる学校運営能力についての議論もされているところである。

　本章では、学校事務職員に求められる学校運営能力とは何か、という観点だけではなく、その能力をどう養成するか、そのためにどのような研修が必要かについて、筆者の経験を踏まえて検討したものである。

　なお、本章中の意見にわたる部分は筆者の私見であって、所属する地方公共
団体の見解ではないことを申し添える。

第 2 節　学校事務職員について

　学校には学校事務職員を配置し（学校教育法第 37 条第 1 項）、学校事務職
員は事務をつかさどる（同条第 14 項）と規定している。学校事務職員の職務は、
大きく分けて、総務、学務、人事、財務の 4 種類がある[3]。

　(1)　総務　　文書整理、予算、学校納入金等
　(2)　学務　　児童生徒の転入転出、就学援助、教科書給与等
　(3)　人事　　教職員の出勤簿・休暇簿、給与・報酬支給事務、旅費等
　(4)　財務　　学校施設管理・修繕、物品購入、備品等の出納等

　また、小規模な学校を除き、職員室（主に教員の執務室）と事務室（主に学
校事務職員の執務室）に分かれており、事務室が学校の正門の近くに配置されて
いることから、学校への来訪者はまず、事務室に声をかけることになる。また、
外部からの電話はいったん事務室につながるようになっていることが多い。こ
れらのことから、学校事務職員は学校の「顔」としての業務も担っている。

第 3 節　学校事務職員に学校運営能力が求められる背景と理由

1　学校事務職員に学校運営能力が求められる背景

　学校事務職員に学校運営能力が求められる背景として、管理職の多忙化が挙
げられる。

　平日の教員の 1 日当たりの学内勤務時間[4]および超過時間（1 日当たりの
学内勤務時間から所定勤務時間（勤務時間 7 時間 45 分および休憩時間 45 分）
を除したもの。時間外勤務時間に相当する。）は、図表 5-1 のとおりである。

　超過時間を（1 か月の平日を 21 日と仮定して）月単位に換算すると、平日
だけで校長は約 42 時間、教頭は約 74 時間である。教頭の超過時間は、過労

図表 5-1 平日 1 日当たりの学内勤務時間と超過時間

区分	小学校		中学校	
	学内勤務時間※1	超過時間※2	学内勤務時間※1	超過時間※2
校長	10 時間 37 分	2 時間 7 分	10 時間 37 分	2 時間 7 分
副校長 教頭	12 時間 12 分	3 時間 42 分	12 時間 6 分	3 時間 36 分
教諭	11 時間 15 分	2 時間 45 分	11 時間 32 分	3 時間 2 分

※1　平日の1日当たりの学内勤務時間
※2　※1の時間から1日の所定勤務時間（7時間45分）および休憩時間（45分）
　　を除した時間（本文中の超過時間と同じ。）

死ラインとされる月80時間目前である。
　管理職の多忙化の原因は学校が担う業務が多いこともあるが、学校運営体制
の不備も多忙化の一因と考えられている。
　都道府県・政令指定都市を例にすると、首長部局や教育委員会事務局は、い
わゆるピラミッド型組織（図表5-2）であり、地方公共団体の規模にもよるも
のの、1名の課長に対して1～3名の係長を、1名の係長に対して3～9名の

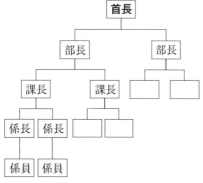

図表 5-2　組織図（首長部局・教育委員会事務局）

※総務省「地方公共団体における組織・職制構成（一般的な例）」
https://www.soumu.go.jp/main_content/000043248.pdf を参考に作成

図表 5-3　組織図（学校）

校長

副校長　教頭

主幹教諭、教諭、養護教諭
事務職員、給食調理員、
非常勤講師など

※平成27年12月21日中央教育審議会
「チームとしての学校の在り方と今後
の改善方策について」（答申）
https://www.mext.go.jp/component/
b_menu/shingi/toushin/__icsFiles/
afieldfile/2015/07/28/1360375_02.pdf
14頁の「チームとしての学校」像（イ
メージ図）を参考に作成

係員を配置している。

　これに対して、学校では、1名の校長に対して1名（大規模校では複数）の副校長または教頭を配置し、その下に担当者（主幹教諭、教諭、養護教諭、事務職員、給食調理員、非常勤講師等）を配置している（図表5-3）。小規模校でも10名、大規模な学校であれば50名以上になろう。

　つまり、首長部局や教育委員会事務局と比較すると、学校では、少ない管理職が多くの担当者を抱えていること、管理職と担当者をつなぐライン職（係長等）が存在しない。

　このようないわゆる鍋蓋型組織[5]を解消することを目的として、平成20年度以降、校長を助ける職として副校長を、校長および教頭を助ける職として主幹教諭を置くことができるようになった（学校教育法第37条第5項および第9項）。

　しかし、校長と教頭はほぼ同数であるが、副校長は校長または教頭の1割程度しか配置されていない（図表5-4）。また、主幹教諭も校長または教頭の数よりも少ない。

　このように、副校長や主幹教諭の配置が可能になったからといって学校にお

図表 5-4　学校の管理職の人員について

区分	小学校	中学校	備考
校長	19,267 人	9,141 人	平成 29 年 4 月 1 日現在[※1]
副校長	1,814 人	967 人	
教頭	17,972 人	8,925 人	
主幹教諭	9,791 人	6,508 人	
上記以外の常勤教員[※2]	330,077 人	205,905 人	平成 28 年 10 月 1 日現在[※3]

※1　平成28年度公立学校教職員の人事行政状況調査 https://www.mext.go.jp/component/a_menu/education/detail/__icsFiles/afieldfile/2017/12/27/1399625_11.pdf

※2　※3の人数と※1のデータに人数を除した参考値（学校教員統計調査では、主幹教諭のみのデータがないため、当該調査の人数から、※1の人数を引いている。）

※3　学校教員統計調査―平成28年度（確定値）結果の概要―https://www.mext.go.jp/component/b_menu/other/__icsFiles/afieldfile/2018/03/28/1395303_03.pdf

ける鍋蓋型組織の解消は達成できておらず、やや緩和できたにすぎない。

　そもそも、学校が鍋蓋型組織とされてきたのは、民主的かつ平等の名の下に、管理職も非管理職も対等な立場で学校運営に携わるべきという独自の文化が根付いていたことに起因している。確かに、教員の多能化[6]により教員個人の能力を向上させることができれば、鍋蓋型組織でも学校運営はできるかもしれない。

　しかし、部活動指導、生徒指導や児童生徒への心のケア等の内容が高度かつ専門的になっていること、様々な価値観や個性をもった児童生徒、保護者、地域住民等へのきめ細かい対応が求められていること、管理職や教員が担う業務が膨大となっていること等から考えれば、教員個人の多能化に依存した学校運営には限界がある。また、このような教員個人の多能化に依存する属人的な学校運営では、多能化した教員が退職、異動した瞬間に学校運営能力が大きく減退してしまうことになる。

　そのようなリスクを軽減するため、鍋蓋型組織からピラミッド型組織へと転換することが理想であるものの、上述のとおりピラミッド型組織への転換ができていない現状がある。

2　学校事務職員に学校運営能力が求められる理由

　ピラミッド型組織であれば、係長が課長の業務を補佐するだけでなく、他の部署や住民等との対応や調整を行っている。鍋蓋型組織の学校では、一部の定型的な業務を除き、そのような対応や調整を管理職が直接担っていることが多い（学校に係長的立場の職員がいないということもあるが、管理職が直接対応しなければならないという独自の文化も影響していると思われる）。

　少ない管理職が多くの担当者を抱えて多忙を極めている状況では、保護者、地域住民からの要望や教育委員会事務局との連絡調整等を適切に処理することは非常に困難であろう。

　そこで、管理職固有の業務（人事評価、事件・事故対応、授業時間数の決定等）以外の業務を部下に任せる（決裁権限は校長にあるが、調整等を任せる）ことができれば、管理職の多忙化をある程度解消することができる。例えば、

学校配分予算や施設維持補修に関する事項について教育委員会事務局と調整を行うこと、学校給食費等の私会計処理を行うこと、休暇制度について教育委員会事務局に確認すること等を任せることが挙げられる。

　これらの業務を管理職以外の教職員のうち、どの職種が担うのが適当であろうか。教員については、図表5-1で示したように既に多忙な職であり、中教審の答申[7]において教員が担う業務の明確化・適正化が指摘されていることを踏まえれば、これ以上業務負担を増やすことは適当でない。

　学校事務職員は学校の「顔」であり、保護者、地元住民、教育委員会事務局等から様々な情報に触れる機会がある。その全てを学校事務職員が処理することは不可能であるものの、可能な限り処理しつつ、管理職等に報告・連絡・相談することができれば、管理職の負担を軽減し、管理職固有の業務や若手教員への指導、いじめ、不登校対応等に注力できるのではないかと考える。

　著者が理想とする学校運営体制とは、鍋蓋型組織の中にあって、学校事務職員がピラミッド型組織でいうところの係長的立場を担うことである。

　学校事務職員が係長的立場を担うことができれば、学校運営も円滑に進むのではないかと考える。

第4節　学校事務職員に求められる学校運営能力について

　学校事務職員が係長的立場として学校運営に参画するために必要な能力とは何だろうか。

　これまで、学校事務職員の職務が「従事する」と規定されていたこともあって、学校事務職員は管理職の下で定型的な事務処理を行うという意味合いがあった[8]。

　しかし、保護者、地元住民への対応、教育委員会事務局等との調整は、定型的なものとは限らない。特に、児童生徒、保護者、地域住民の価値観は多様化しており、それらすべての要望に応えることは困難である。

　また、学校教育や学校運営に関する大きな制度改正（県費負担教職員の給与等の負担の政令指定都市への移譲、会計年度任用職員制度の導入、小学校にお

ける外国語教育の実施等）があり、教育委員会事務局から制度改正に係る通知が多く届く。

　対外的な交渉の際に、必要とされる能力の一つとして調整能力がある。調整とは、広辞苑によると「調子をととのえ過不足なくし、程よくすること」である。これを地方公務員が職務を遂行する上で言い換えると、「ある基準に照らして正しく整えること」[9]と表現することができよう。

　「ある基準」とは、法令等である。未知の問題に遭遇したとき、まず、法令等にどう規定しているか、規定していない場合には類似事例はないか、制度趣旨や目的からどう問題を解決するか、制度を所管している教育委員会事務局等の見解はどうか等を踏まえて、問題を解決していく対応案を考えていく能力が求められる。

　上述のとおり、教員の多能化には限界があり、それぞれの担当者がそれぞれの専門分野を生かす必要がある。近年、スクールカウンセラーや部活動指導員等、これまで教員が担ってきた業務の負担を軽減する観点から専門的業務に特化した教職員を配置するようになってきている。

　せっかく、スクールカウンセラー等の専門的業務を行う教職員が増えたにもかかわらず、当該教職員との連絡調整（勤務の割振り、休暇の取得、給与関係の手続き等）を管理職が直接行うのは、管理職以外の教員の負担を軽減できても、管理職の負担を軽減したことにはならない。むしろ、所属教職員が増えたことにより、管理職の調整業務が増加してしまうだろう。

　学校事務職員が積極的に連絡調整業務に従事することで、管理職とスクールカウンセラー等との間を連携することができれば、円滑な学校運営ができるのではないかと考える。

第5節　研修での取組みについて

　筆者が勤務する広島市教育委員会では、学校事務職員に対して様々な研修を実施している。筆者が担当した研修は、学校事務職員の学校運営能力の向上を意識して実施した。

1　学校事務職員研修（教職員の勤務時間、休暇等について）での例

　これまで教職員の勤務時間、休暇等に関する研修においては、間違いやすい点やよく質問される点を重点的に説明するものが多かった。定型的な業務を担当する場合には、このような研修で十分であった。もちろん、学校事務職員はこれまでどおり定型的業務も行うので、このような研修も必要である。

　週休日と休日の相違点を説明する際（図表5-5）、週休日に実施する学校行事（運動会、参観日等）の代わりに平日を週休日に振り替えることができるが、休日は振り替えることができない（後述するとおり、休日に学校行事を実施する場合、学校長は教員に対して勤務を命じることができない）。ここまでは、よくある研修の風景である。

図表 5-5　週休日と休日について

区分	週休日	休日
	日曜日および土曜日	国民の祝日、年末年始の休日
勤務時間	割り振られていないため、勤務を要しない日	割り振られているが、職務専念義務が免除された日
勤務を命じる場合	週休日の振替 時間外勤務手当（教員を除く）	代休日の指定 休日勤務手当（教員を除く）

　公立学校の教員は休日勤務手当が支給されない（公立の義務教育諸学校等の教育職員の給与等に関する特別措置法第3条第2項。休日勤務を命じることができるのは、いわゆる超勤4項目（同法第6条第1項）に該当する場合に限られる）。他方、学校事務職員はこの規定が適用されないため、休日勤務手当の受給対象職員であるし、給与支給事務を通じて、休日と週休日の違いを理解しているだろう。

　休日勤務手当を受給した経験がある学校事務職員は、当該手当を受給したことがない教員と比較すれば、休日に対する認識が異なる。

　各学校において学校行事案や年間計画案を作成する段階において学校事務職員が積極的に関与すれば、休日に学校行事等がないかどうかの確認をするこ

とができる。

2 新任教頭研修での例

　学校事務職員が係長的立場から学校運営能力を発揮するためには、管理職の理解が必須である。つまり、管理職は、学校事務職員を定型的業務のみに従事する職員と認識するのではなく、学校運営に積極的に携わる職員であるという認識をもつことが重要である。

　新任教頭は、これまで一教員であった者である。これまでは後輩教職員を指導・助言したことはあるかもしれないが、そのほとんどが同じ職種である教員であり、別の職種である学校事務職員等を指導・助言したことはほとんどないだろう。

　まず、この研修では、教頭の部下は同じ職種の教員だけではなく、別の職種（学校事務職員、学校給食調理員等）もおり、別の職種の業務についても指揮監督しなければならないことを説明した。

　次に、別の職種の業務について指揮監督する上で、当該業務の全てを熟知することは不可能である（これを求めることは多能化につながり、多忙化している教頭の多忙化に拍車がかかることになる）。上司の立場として部下の業務の進行管理等を行うことは必要であるが、部下の知識経験を活用するよう助言した。

第6節　今後の課題

1　若年層の学校事務職員のキャリア形成について

　近年、定年退職者等の増加に伴い、若年層の学校事務職員が増加しており、この職員の育成が急務となっている。

　学校事務職員の上司である管理職は教員出身者であること、一部の大規模校を除き事務長は設置されていないこと、各学校の正規事務職員は1名であることが多いこと等から、若年層の学校事務職員の業務内容に関するOJTが難し

い状況になりやすい（広島市教育委員会では、若年層の学校事務職員の育成として、先輩の学校事務職員と同じ学校に配置する、教育委員会事務局の職員が学校を訪問して学校事務職員のフォローをする等の支援体制を整備している）。

　そこで、若年層の学校事務職員を教育委員会事務局等（特に制度所管課）に配置することが、当該職員の育成の観点から有効であると考える。なぜなら、①特定の業務を担当することで当該業務の法令等を習得できる良い機会になる、②上司や同僚からの OJT を受けることができる、③上司である係長が他課との調整、住民対応をしているのを間近に見聞きすることで、係長的立場の立ち回り方を見ることができるだろう。

　学校事務職員として学校現場で幅広い業務に従事することも重要であることから、若年層の学校事務職員については、数年周期、学校と教育委員会事務局等を行き来することがキャリア形成につながると考える。

2　定型的業務の合理化、削減等

　学校事務職員が学校運営業務に注力できるようにするためには、これまで主に担ってきた定型的業務の合理化、削減等も必要である。特に、学校事務職員は年度末および年度初に、児童生徒の卒業・入学に関する業務（就学援助、教科書給付等）や人事異動に伴う業務（通勤手当認定、福利厚生に関する事務等）を大量に処理する必要があり、この時期は繁忙期となる。

　このような繁忙期にも学校運営業務に注力できるよう、定型的業務のシステム化や削減等を進めていく必要がある。

第7節　終わりに

　近年、学校運営に関する大きな制度改正がある中、コロナウイルス感染症の感染拡大防止に関する一斉臨時休業という想定外の事態が発生している。

　このような想定外の環境でも学校運営を続けていく必要があり、定型的な業務以外の調整業務が多くなってくる。これまで以上に、学校が児童生徒、保護者、地域住民等への説明、教育委員会事務局等との連絡調整業務が増加し、学

校の特色に沿った対応が求められる。その業務については、管理職だけではなく、学校の「顔」である学校事務職員の活躍が期待されるところである。

　学校事務職員がこれまで以上に学校運営能力を発揮することができるよう、力を尽くしていきたい。

注

1)　平成31年1月25日中央教育審議会「新しい時代の教育に向けた持続可能な学校指導・運営体制の構築のための学校における働き方改革に関する総合的な方策について」
　　https://www.mext.go.jp/component/b_menu/shingi/toushin/__icsFiles/afieldfile/2019/03/08/1412993_1_1.pdf

2)　平成29年法律第5号。

3)　教育委員会によって学校事務職員の職務内容は異なる（学校給食費の徴収管理を教員が担っている場合もある）。また、総務、財務等と分類している例（平成27年2月3日中央教育審議会初等中等教育分科会チーム学校作業部会参考資料1「事務職員の現状について」https://www.mext.go.jp/b_menu/shingi/chukyo/chukyo3/052/siryo/__icsFiles/afieldfile/2015/03/20/1355945_3.pdf もある。

4)　教員勤務実態調査（平成28年度）集計確定値　https://www.mext.go.jp/component/a_menu/education/detail/__icsFiles/afieldfile/2018/09/27/1409224_002_4.pdf

5)　中央教育審議会（第114回）での高橋初等中等教育局長発言参照　https://www.mext.go.jp/b_menu/shingi/chukyo/chukyo0/gijiroku/1406868.htm

6)　教員が研修等を通じて教科指導以外の知識等を身につけることをいう。

7)　前掲注1)、p.28参照。

8)　藤原文雄編著『事務職員の職務が「従事する」から「つかさどる」へ—学校教育法第37条第14項「事務職員は、事務をつかさどる」ということはどういうことか—』学事出版、2017年、p.35・藤岡謙一執筆部分。

9)　堤直規『公務員1年目の教科書』学陽書房、2016、p.93。

参考文献

藤原文雄『事務職員の職務が「従事する」から「つかさどる」へ—学校教育法第37条第14項「事務職員は、事務をつかさどる」ということはどういうことか—』学事出版、2017。

妹尾昌俊『学校事務"プロフェッショナル"の仕事術』学事出版、2019。

坂下充輝『結果を出してやりがいを実感！　学校事務職員の仕事術』明治図書出版、2018。

堤直規『公務員1年目の教科書』学陽書房、2016。

澤俊晴『自治体職員のための文書起案ハンドブック　増補改訂版』第一法規、2016。

平成29年2月　東京都におけるチームとしての学校の在り方検討委員会　報告書 https://www.kyoiku.metro.tokyo.lg.jp/press/press_release/2017/files/release20170223_02/houkoku.pdf

（大和　千秋）

第2部

地域づくりに向けた取組み

第 6 章

かのさと流ツーリズム
― 農山村の宝が輝くとき ―

第1節　プロローグ～唱歌と重なる風景

　農家の庭先に茣蓙を敷き、平田強さん（当時79歳）からわら草履作りの指導を受けた。稲わらを綯っての約2時間の手作業体験だった。平田さんは手を動かしながら「昔は地域の若いもんが集まってわら草履を作ったもんじゃ」。問わず語りに昔話を語る。傍らから智子さん（当時71歳）が「雪深い千屋で、早よう、わら草履を履いて外で遊び回れる春が来んかと待ち遠しゅう思っとった」と子供時代の思い出を独白の様に話してくれた。

　体験参加者とともに夫妻の話に耳を傾け、時折、深掘りをするように話に合いの手を入れた。智子さんの思い出は、寒く長い冬から春を待ち待ちする幼子の心の声に聞こえ、足の指先の凍てつく冷たさまで伝わるようだった。そして、そのまま唱歌『春よ来い』の歌詞（心）と重なり合った。

　「春よ来い／早く来い／歩き始めたみいちゃんが／赤い鼻緒のじょじょはいて／おんもへ出たいと待っている」。

　ついこの間まで唱歌の心象風景がこの地域にあった、心の奥深くに眠っていたことに、はたと気が付いた。「最高の場所に招き入れてもらった」。参加者が庭先での体験を喜ぶ。今から10年ほど前の話になる。

　新見市千屋朝間。かのさと体験観光協会2代目会長だった平田隆邦さんの実家でもある。ここから棚田保全「棚田物語～棚田米づくりと棚田酒を楽しむ会」や「備中白小豆の復活栽培」が始まり、「秋の山歩き」「木いちご摘み」な

どオーダーメイドのプログラムが生まれ、体験プログラムと語らいを通し、農山村の暮らしや営み、そこに暮らす人々の思いとともに、合理や生産性と少し離れた農業をも学んだ。

　かのさと体験観光協会は2002（平成14）年2月1日、新見市民有志によって、中四国で初の民間のグリーンツーリズム企画受け入れ団体として産声を上げた。以来18年間、かのさとが心してきたことを、その活動や夢とともに綴ってみたい。

第2節　「ごみと疲れ」から「喜びの共受」

　おおよそ半世紀に及ぶ「都市農村交流」の歴史は、時代と人々のニーズの変化によって形を変えてきた。平成時代以降は、リゾートやツーリズムの考えとともに、地域づくりの場で盛んに「都市農村交流」が叫ばれ、全国各地で様々な取り組みが展開されていた。

　人口減少時代に対応した交流人口、『21世紀の国土のグランドデザイン ― 地域の自立の促進と美しい国土の創造 ―』（1998（平成10）年3月閣議決定、いわゆる「五全総」）が「多自然居住」や「地域連携軸」の考え方を掲げて以降、その動きは加速し、物見遊山・団体・宴会型の旅行から個人や家族・グループによる目的を持った旅へという観光志向の変化と交じり合っていく。新見市も例外ではなかった。人口減少が止まらない農山村地域・過疎地域を取り巻く大きな潮流を見ながら、当時、二つの思いを抱きながら地域づくりに向き合っていた。

　都市部に住む親子を迎え、農林業や自然体験などの催しが繰り広げられた。外部の人の目を通し、これまで当たり前と思っていた地域の素晴らしさに気づき、子どもたちの響く声が地域に活気をもたらしてくれる。「都市農村交流はええ、みなが元気になる。じゃが、交流が終わった後にごみと疲れだけが残る」と皮肉を込めた呟きをあちこちで聞いた。受け入れる側の心が疲弊してしまっては長続きしないと思った。来た側も迎えた側も喜びを得る。喜びには物質的なものも経済的なものもある。それぞれの求めに応じて喜びを受ける。そ

う「喜びの共受」が必要と感じた。

　また、例えばあの地域、いい取り組みを始めたね、と定点観測する。1年目、2年目と活動の輪を広げ、3年目、枝葉を広げるように活発化する。ところが、4年目、惰性のような活動となり、5年目には衰退消滅の危機を迎えてしまう。補助金に頼った活動の末路を嫌というほど見てきた。「金の切れ目は縁の切れ目」のごとく、補助期間の度に地域の営みが断ち切られ、それを繰り返していてもいい地域は出来ない、と強く思った。補助金に頼らない持続可能な仕組みづくりの必要を考えていた。

　1994（平成6）年度、プラットホーム型の組織・ネットワークあしんは岡山県、新見市および阿哲郡4町（現新見市）の委託事業を受け、この地域での広域連携事業を調査研究した。この調査研究は、急速化する広域連携時代に対応した施策の構築を目的とし、地域の誇るべき地域資源の見直し、交流人口や地域連携軸の地域での受け皿づくりをも視野に収め、調査と研究協議を踏まえた施策提案を行った。

　地域資源を活かし、地域に人々を誘導し巡りを促し、その訪れる人々の受け入れ態勢を整えることで広域連携を促進する。例のない「地域資源暦」を作り、それを元に農林業や自然、生活文化などを体験する「アグリカルチャーツアー（ACT）」を提案した。委託側の行政関係者への報告会では「地域の民間人がここまで考えるとは」と称賛の感想も聞いた。この時の研究が「かのさと」を生み出す大きなバックボーンとなり、原動力になった。

　提案事業の中からいくつかが事業化されながら年月を重ねていた。そして1999（平成11）年度〜2001（平成13）年度、岡山県と新見市および阿哲郡4町は「テーマ型観光プログラム化事業」に取り組んだ。初年度、行政職員が地域資源の洗い出しとプログラムづくりの手法を学び、2年度、体験プログラムに組み立てたモニターツアーを企画しようとしていた。この事業の開始当初から民間団体が以前同様の提案をしているのに、なぜ、最初から官民が連携して一緒に事業に取り組まないのか、と不信に思っていた。

　モニターツアーを企画実行しようとすると、現場（市民）の協力と参画が不可欠になる。事業協力の要請がネットワークあしんにきた。広域連携事業によ

るかつての提案内容、テーマ型観光プログラム化事業のこれからなどを意見交換し、「3年後以降にこの事業を継続するための仕組みづくりを念頭に置いた活動を今年、来年してくれるなら協力する」と条件を出した。異存はなく、わがメンバーが参画してモニターツアーを企画実施し、併せて、テーマ型観光プログラム化事業後に向けた協議、構想と組織づくりなどが同時進行した。

第3節　現場に責任を持つ

前述の通り、かのさとは2002（平成14）年2月に設立された。通常、当該年度末までに事業を終え、新年度で新しい組織を立ち上げる流れが多い。しかし、それでは途切れてしまうと思った。行政は担当者も変わる。民間もひと呼吸入れることでモチベーションに影響することがある。間髪を入れず、2002（平成14）年度から即活動できるよう2001（平成13）年度中の2月に組織を発足させ、2002（平成14）年3月下旬実施でかのさとの体験プログラムを初企画し、参加者募集を始めた。

「シイタケ収穫作業の体験会」。午前午後各2時間の収穫作業を手伝い、山の幸を活かした昼食、生シイタケのお土産が付き、参加費はひとり3千円で募集した。今で言うワーキングホリデーという、初プログラムにしては難易度の高いものを企画してしまった。2日間で11人の参加者があった。初日の参加者は、昼ご飯の後、「もう疲れたから帰る」と言い、2日目の参加者は「午後からは他のキノコを収穫したい」と言い出し、受け入れの農家さんをあきれさせた。

参加者と受け入れ農家さんを引き合わせただけで退散したことを悔い反省し、コーディネーターが現場に責任を持つことの大切さを骨身にしみて教えられた。以来、すべてのプログラム現場に立ち会い、インストラクター（体験指導者）と参加者を現場で結び、注意事項や約束事を徹底し、時に体験指導者や地域の思いを引き出す語らいを心掛けている。

次に企画したのが同年5月の「田植え体験とそば打ちを楽しむ会」だった。締め切りが近くなると、準備都合があるので、受け入れ農家さんから申し込み状況の問い合わせがあった。現在申し込みがないことを告げると、「何。田

は誰が植えるんなら」と烈火のごとくに怒られた。「何とか参加者を集めます」と答えるのが精いっぱいだった。

　かくして、当日、10数人の若者たちと農家を訪ねた。若者たちは初体験の田植えを喜々として楽しみ、おばあさんの指導でそば打ちを体験し、打ち立てを「けんちんそば」で食した。閉会行事で、若者たちは初めての田植えやそば打ちの感想を話す。それをニコニコしながら聞くおじいさんとおばあさん。双方に満足の時間が流れていた。

　後日、若者たちの植えた苗が曲がりくねっていたため、「翌日、うちのばあさんが1日かけて（苗を）植え直した」と聞かされた。脂汗が噴き出た。心底申し訳ない気持ちでいっぱいになった。詫びながら、体験プログラムを受けてくれる農家を大切にしなければ、この活動の明日はない、と性根が入った瞬間でもあった。

　体験プログラムは、「こんな企画をしてみないか」と地域などに持ちかけ賛同を得て実施する場合、地域の人たちから「こんなことできないか」「これができる」と提案（相談）を受ける場合、仲間や親しい人たちと杯を傾けながら昔話に盛り上がり、「それを体験に」と意気投合してプログラム化することもある。あるいは、国県、自治体の委託事業や協働提案事業によって発想する体験プログラムもある。

　川を照らすカーバイト（ガスランプ）を持ち、夜の川に入り、流れのないところで眠っている魚（オイカワ）を小さな網ですくい捕る「夜川」体験は、大

図表6-1　夜川体験

人にも子どもにも大人気のプログラムだ。子ども時代から楽しんでいた。集落の同年代との飲み会で「都会からのお客さんを毎夏、夜川に連れていく。大喜びする」と情報交換し具体化した。魚網を魚の頭の方からかぶせる、川の歩き方など要領を覚えると、容易に魚を捕ることができ楽しい、やめられ

ない。真っ暗な夜の川の非日常感があり、他所に例のないプログラムとして独自性がある。ツーリズムは「ごつごつした原体験のようなプログラム」が支持を得ることも体験的に学んだ。

第4節　棚田保全と食育キャンプ

　新見市は2001（平成13）年から3年間、棚田保全事業を行った。年会費1,500円で約300人の会員がいた。田植え、稲刈りの農作業体験、棚田米でにごり酒を委託醸造し、試飲会と棚田のにごり酒720mL瓶2本プレゼントの特典が付いた。「3年事業を展開したので終了する」と市担当課が話す。「え？」と思わず聞き返した。「いやいや、この事業の主語は棚田、農地の守ることではないの」「適切に受益者負担を考えながら棚田を守りましょうよ」「かのさとに引き継がせて下さい」と提案した。

　にごり酒2本を進呈するだけで約3千円かかり、経費を積算すると、事業費は1人1万円以上になる。低額の年会費を補うため、市は毎年300万円前後の事業予算を投じてきた。市最後の年の試飲会に参加した。各地からの会員と語らいながらにごり酒をいただいた。「とりあえず1,500円払って会員になる」と話し、半値でにごり酒が手に入ることを喜ぶ。また、樽に入った試飲用のにごり酒を持参のペットボトルに詰める光景を何回も目にした。もう「主語」が何なのかさっぱりわからなくなっていた。

　一気に年会費を値上げすると、会員がいなくなる。（会費の）激減緩和措置を提案した。「初年度60万円、2年度40万円、3年度20万円と補助金を年々減額し、4年度以降はゼロにする」ことを申し出、合意を得た。年会費は6千円とし、ほぼ市時代の事業内容を引き継ぎ、かのさとの他のプログラム参加費

図表6-2　棚田の稲刈り体験

の割引制度、出来た棚田のにごり酒の新見小売酒販組合と連携しての販売などにも取り組み、2004（平成16）年度からかのさと2代目会長の平田隆邦さんの棚田で米作りを始めた。

　平田さんは、いつも参加者に大川掛かり（大きい川から水を引く）の水田と棚田を比べ、「山を育て田に水を回す」と話し、自ら手入れ中の山林にも誘った。「保水力のある森は、間伐や枝打ちなど手入れが不可欠。水があるから田畑が耕作でき、集落での生活ができる」と農耕と生活と山の関係を明瞭に語った。都市で暮らす人々に棚田や農地を守る手間暇、そこに暮らす人々の思いや営みを知ってほしいと思う。それが「かのさと流」のツーリズムと考えている。そして、ここ棚田で作った米で醸したにごり酒を「自立の酒」と呼んだ。

　国の委託事業、県や市との協働事業にもたくさん取り組んだ。そのひとつに2008（平成20）年の「食育キャンプ〜畑の宝物み〜っけ」がある。折々のプログラムで都市部からの参加者と語らうほどに、生産現場と家庭の台所を結んだ食育事業をプログラム化したい、と考えていた。企画書を書き、協働提案事業として岡山県備中県民局に採択された。親子を対象に年4回、野菜の植え付けや種まき、収穫、料理、かしわ餅や豆腐作り体験、しめ飾りやクリスマスリースづくり、もちつきなどのプログラムを行う。

　都市農村の共生と対流を促し、楽しみながら食べ物の大切さや意味を学び、豊かな人間性と生きる力を育むことを「食育キャンプ」の企画コンセプトとし、その季節にふさわしいプログラムを組み立てた。参加者は各回チラシを作って募集した。全体タイトルとは別に、毎回それぞれのチラシにキャッチコ

図表6-3　食育キャンプ

ピーを付け誘った。5月は「トマトの花は何色？　コンニャクはどこでとれるの？　枝豆って何の豆？」、7月は「トマト・ま・る・か・じ・り・の・夏」、10月は「滋味・美味・風味・実りの秋」、11月は「みんなでワイワイ、もちつき、しめ飾りづくり」とした。

4回合計40組、県南の小学生親子142人の参加があった。お陰でどの回も参加者の評価は高かった。行政との事業では必ず各プログラムや全体に関する参加者アンケートを行う。当然、その結果は次のプログラムや進行の改善に役立てる。嬉しい感想や評価を読みながら、この食育キャンプは、農林業と食、生活文化や自然体験、クラフト系を自在に組み合わせることができ、四季折々の特徴のある演出や多彩な変化というプログラム企画の可能性に富んでいることを痛感した。

第5節　ネーミングと自立した活動

研究機関や各種メディアが、かのさとの活動をフィールド調査や共同研究し、取材特集紹介いただくことが度々ある。組織的にはその度に活動をふり返り、これからを見据える大きな機会となり、発信力の増すことを大変にありがたく思ってきた。積み重ねた活動からかのさとの4つの特徴を描いている。

第1はプログラムのネーミング。「かのさと」という組織名自体も造語だった。唱歌『ふるさと』に歌われた「かのやま、かのかわ」の「かの」（かの＝あのという意味）に、自然と共生した生活文化が今に息づくこの地域（新見市）を重ね、人々の心のふるさとになりたい、との思いを込めている。「プログラムの名前がユニーク、いいですねえ」と聞かされる。ネーミングは人々の心を掴み、プログラムに誘う上で、前述のキャッチコピー同様に大切な要素だと思う。

「キノコ狩り」というより「山の宝を探すキノコ狩り」と言った方が、天然キノコの希少性や価値、探すと狩りを重ねることによる採取の大変さやゲーム性をも表現できる。日本語は「採る」対象によって細やかな表現があり、その違い自体が興味深い。例えば、ワラビやキノコは「狩り」と言う。狩りは移動しながら採取すること。根の付いた野草を採る時は「引く」を使う。「薬草引き」などの言葉が残る。タラ、コシアブラ、サンショウなどの木の芽やミツバ、セリなどの野草は「摘む」と言う。

ネーミングは、参加者からの感想や地元の人の言い方（方言など）、日々の閃きなどによるが、会話や人々の表現に注意深くしておくことが重要となる。

かのさとのプログラムは多くの場合、地元料理の昼食体験が付く。もてなし料理、豪華な食事のことをこの地域では「ごっつうぉう」と呼ぶ。好んで使っている。また、「ばあちゃんの知恵のお裾分け」は山菜料理、白菜漬けやキムチづくりなどを題材に年複数回開く。知恵という言葉に地域の生活文化を丸ごと込め、人と地域との出会いの想像力をかき立てる。

　第2は運営に行政の補助金に頼らない自立した活動。かのさとは持続可能な活動を目指してきた。補助金に頼った活動に自立はないし、仮に補助金があったとしても未来永劫続くものではない。いや、補助金があれば依存した心が根を張り、知恵を出し汗を流し、創意工夫する心を蝕んでしまう。グリーンツーリズムの団体には、行政の意向を受けてできた組織もよく聞く。かのさとは住民自らの意志によって住民組織として誕生し、存立基盤は農林漁業、自然保護、観光分野でもない、全体を包含する「まちづくり」を母体としている特徴がある。

　かのさとの参加費は、日帰りで平均4千円（昼食、保険込）する。活動を始めたころは、他所に行政の補助を受けた低価の類似プログラムも多くあり、割高感があった。今は突出した価格ではない。参加費は体験指導料、会場費、食材費、光熱費、保険料、コーディネーター料とともに10％の協会手数料も積算し、参加者見込みを立て算出する。この手数料を協会の通信費、事務費、情宣費などの共通活動費に充てる。

　体験指導料は、そのプログラムに関わった指導者に支払う。プログラムによって人数や関わる時間が異なり、想定して積算する。概ね最低賃金をベースに関わった時間を掛け算している。前日準備する場合も加算する。「ごみと疲れだけを残さない」、僅かでも対価を支払うことで、活動の持続性やプログラムへの責任感を生み出していると思う。

第6節　ネットワーク型活動とコラボ

　第3はネットワーク型の活動。設立当初は、会長、副会長がいて、事務局が調整し、部会的な部門のあるピラミッド型の組織運営を考えていた。ところが、プログラム数が増えるに従い、ピラミッド型では運営できない現実に直面

した。現場で決めること、それによって動くことがあまりにも多く、ピラミッド型の役員調整の時間を取れなくなってしまった。ならば現場を中心に現場ごとに動かそう。設立3年目くらいから組織運営をネットワーク型にシフトチェンジした。

　ミッション（使命）達成型組織と呼ぶ。プログラムごとに現場の取りまとめ役や体験指導者がいて、協会で募集した参加者を当日受け入れ、事前打ち合わせしたプログラムを現場中心に運営し、プログラムごとに決算する。別のプログラムも同様にそのプログラムを遂行するために必要な人材をネットワークし、ミッションを終えたら解散する。かのさとは、新見市内5〜6地域に体験地があり、約50人の体験指導者がいて、10〜30の体験プログラムが動く。

　プログラムによっては参加者が少なく赤字となる場合もあるが、協会全体としては複数のプログラムを有し、その合算収入から手当てすることで赤字を補う。グリーンツーリズム団体でネットワーク型組織運営はあまり例がなく、得意や技を持つ地域人材をつなぎ活かすかのさとの大きな特徴だと思っている。

　第4はコラボレーション。最近、この傾向が顕著化してきた。2013（平成25）年から3年間取り組んだ「釣りガールを目指す女性のためのアユ釣り講座」は新見漁協の全面協力を得て実現した。県内各地から多い年には25人の参加があり、女性たちは組合員のマンツーマンの指導でアユの友釣りを体験した。2012（平成24）年から継続する新見ロータリークラブの「親子たこあげ大会」は、かのさとの企画提案を同クラブが引き継ぎ主催し、かのさとが運営協力している。

　この他にも県南のNPO団体や高校、異業種交流グループ、子ども会やPTAなど多彩にコラボ企画が増えてきた。それはかのさとの得意や強みが内外に明確化され、アイデンティティが確立されてきたことと脈絡している気がする。コラボするためには、相手の得すること喜ぶことを考え提案する必要がある。他団体とコラボすることで、互いが得意を活かし合い、互いを補い合い、新しい事業を生み出す。かのさと的にはプログラムの目的効果を高め、プログラムを大規模化することができ、かのさとの輪と思いを内外に広げる意義がある。今後、この傾向はさらに強まるものと思われる。

第7節 かのさとの心「受容」

かのさとが活動を始めて数年経過したころ、仲間から「かのさと、グリーンツーリズムにもお遍路のようなものがあれば」との語りかけを受けた。同様の話は、かのさとが発足したころも話題になったことがある。ややもするとグリーンツーリズムは地域や農山村の活性化、経済性が前面に出て語られる。あるいは、グリーンツーリズムは様々な捉え方があり、関わる立場によってその考え方は千差万別、幅広さがある。それだけに、様々を包含できる仕組みを築くため、グリーンツーリズムの理念や哲学が必要と思ってきた。

お遍路は「自分見直し」「自分見詰め」という。長く支持され、繰り返し訪れ、人々を引きつける心の働き、精神性がある。和歌山県・熊野信仰は「甦り」だという。甦りは死後の世界だけではない。現世での再生の意味もある。

仲間の問いかけに対し、「もし、かのさとに自分見詰めや甦りと同じような精神性があるとすれば、受容ではないかと思っている」と返した。受容とは、あるがままに受け入れる心のこと。自分に都合よく聞いたり、受け入れたりすることは多いが、ありのまま受け入れることは難しいことを知る。

ところが、かのさとでプログラムを体験指導する農家のおじいちゃん、おばあちゃんの言動を見ていると、この「受容」の心をごくごく自然に飾ることなく備えているように感じる。自然を相手に農業を営んできた人々は、当たり前だが、自然と共生する以外に収穫を得ることができないことを知っている。だから自然の摂理に従い、森羅万象をあるがままに受け入れ生きてきた。知らず知らずのうちに、「（大きな自然災害に遭っても）来年は（収量のある）いい年になるじゃろう」と来る時間に託しながら、自然という長い時間の中で物事を解決、納得する術（心）を心得てきたのだと強く思う。

実際、たくさんの人を受け入れ、参加者が問わず語り（おじいちゃん、おばあちゃん）に自身の悩みや近辺を話し始める光景を何度も見てきた。自閉症気味の子が心を開くこともあった。「地域の人たちの笑顔がいい」と何人もの感想に聞いた。それぞれに向かい合い、話に耳を傾け、決してお仕着せでない自

分の生き方や思いを返す。ゆっくりと時間が流れ、人々の心にただ寄り添う。

　現場の仲間たちを自慢するとともに、かのさとツーリズムの精神性「受容」の心を持った人たちこそがかけがえのない財産との認識がある。だから、かのさとはプログラムの中で参加者と地域の人たちとの語らい交流の時間を意図的に大切にしている。

第8節　農山村の理解者を増やす

　大雨が降ると「かのさとは大丈夫ですか？」と携帯が鳴る。「もうあの花は咲きましたか？」「お米が欲しんだけど」「個人的に遊びに行っていいですか」などと問い合わせがある。かのさとのプログラムは繰り返しの参加者が6割以上ある。それ以外の人たちも家族や友人知人を誘い合って来てくれるケースが増え、年間何度もプログラムに参加する人もいる。本当にありがたい。現場に立つ面々、インストラクターの包容力、人間的な魅力が人たちを引きつける。

　大人たちだけではない。子どもたちもかのさとに心を寄せてくれる。R君は3歳の時かのさとにやって来た。毎年のように「夜川体験」など何らかのプログラムに参加した。自然が生き物が大好き。「かのさとの人、今、何しているかなあ」と休日に親子で会話し、「この子は太陽が昇ると目が覚め、暗くなると眠くなる」とも聞かされた。自然のリズムを刻む体内時計に感心した。最初にステイした家族との交流は今に続き、成長したR君は「水族館の館長になりたいと大学で学んでいる」と報告を受けた。

　Y兄弟は、補虫網を手にあぜ道を走り回り、川に潜って魚を捕る。「僕、帰りたくない」と両親を困らせていた。2005（平成17）〜 2011（平成23）年、小学4〜6年生の児童だけを対象にした1泊2日の「ぜ〜んぶふしぎ山里交流体験 ─ これって夏休み自由研究?!」を行った。毎年2日間、寝食を共にし、山里ならではのプログラムに大喜びする子どもたちを見守った。

　T子は参加者が少ないと、友達を集めてこのプログラムに参加してくれた。U子は心の奥底の悩みを打ち明けた。「辛かったなあ」と寄り添い、「もう言わなくていい」とすべてを受け止め、「いつここに来てもいいから」と現場スタッ

図表6-4　ぜ～んぶふしぎ山里交流体験

フが返す。後年、高校生になったU子は「うち、かのさとが大好きなんよ」と話し、土産を持ち成長した姿を見せてくれた。

　かのさとを立ち上げた当初は、体験プログラムをどうやって広く知らせるか、本当に苦労した。企業のDMにプログラム案内を同封したり、都市部のふるさと会に案内もした。ほとんど反応はなかった。そんな中、設立以来、各報道機関に細やかな情報提供を心掛け、パブリシティーとして募集記事に取り上げてもらい、プログラムの様子を報道いただいた。そこから1人2人と参加者が増え、その方々をかのさとのDM名簿を蓄積していった。

　そして、名簿に載った人には毎回、プログラム案内を郵送で送った。行政との協働事業はチラシによる募集で、問合せや参加者も多く、多人数を名簿に書き込むことができた。DMを送ることで家族向け、子供向けのプログラムに繰り返しの参加もあり、応募が安定した。ところが、ある日、ピタッとDMへの反応がなくなった。「なぜ、どうして」と名簿を繰り返し見返しながら、「そうか」と当たり前のことに気が付いた。

　人は年々歳を重ねる。小学校4年生で初参加した子は、3年経つと中学生で、勉強や部活動が忙しくなり、体験プログラムどころではない。そう、DM名簿は日々古くなる。以降、名簿の年齢（学年）とプログラム内容を照らしてDM発送し、市外の体験型の催しにも積極参加し名簿登載者を増やすことを心掛けた。現在はホームページやフェイスブックからの反応も多く、募集にも時代の変化を感じる。

第9節　つながりとポイント制度の夢

山菜、キノコ系のプログラムは難しい。発生具合や発生時期がその年の天候に左右されるからだ。募集は1～2か月前に開始する。日程の設定は現場の体験指導者の経験に得るところが大きい。設立時からの人気プログラム「山の宝を探すキノコ狩り」は、かのさと3代目会長の川上盛男さんがキノコ

図表6-5　山の宝を探すキノコ狩り

狩りを指導する。ある年、ほんの少ししかキノコが採れなかった。参加者の残念な気持ちは想像に難くない。

川上会長はそれを察し、「自然の物は時期があるから。キノコは何年かごとに大発生もある。今年はもう1週間もしたらキノコが出るから、わしが採って

備北新聞の2015年10月15日号のコラム・タイム＆タイム

「『ここはスタッフの質が高い』。嬉しい感想に『もう一度言って』と冗談で返し、会場の笑いを誘った▼9月27日、哲多田淵で開催した「山の宝を探すキノコ狩り」の閉会行事でのこと。かのさと体験観光協会のプログラムは、いつも参加者全員に感想を聞く。評価を共有し、全プログラムに反映させたいと思っている▼後日、医業経営コンサルティングを生業とする広島市のMさん（61）に聞き返した。『流行の言葉で言うと、おもてなしの心がきちんとしている』。笑顔が絶えない、参加者が気遣いすることなく、いつも目配りが行き届いていたという▼『スタッフは流れるように動き、指示待ちではなく、阿吽の呼吸を感じた』『しかも、自然体でいつも素の自分を出し作り事がない』と観察した▼『参加者との一対一で満足・喜んでもらえるようにそれぞれが感じて動き、喜んでもらえたことを自分たちの喜びと感じているからだろう』と分析する。『快適な時を楽しみました』。またうれしくなった」。

送ってあげる」と語りかけ、後日、段ボール箱に詰めたキノコを参加者に届けた。裏切らない、期待をはるかに超えた応対に強い信頼関係が生まれる。

　新見市千屋実成地区でのプログラムは小田正廣さんを中心に動く。山菜採りの山に案内し、昼ご飯を準備するスタッフもいる。「まあ〜申し訳ないわねえ。私たち夫婦のために4人の方にお世話いただいて」。大阪からの参加夫妻が話す。かのさとはプログラムを中止したことがほとんどない。別では「かのさとは中止にしないもんね」と笑いながら雨具を準備する参加者もいた。

　中止にしないのは大降りになったことがないからであり、この日を楽しみにしている参加者の気持ちを感じるからだ。旅行社の募集には「最少催行〇人」というただし書きもあるが、ひとりでも受け入れる、手を抜かない。この姿勢がかのさとの信用を築いてきたひとつだと思う。

　プログラムを終え、参加者を送り出した後、会場や台所の後片付けをする。区切りがついたところで、お茶を飲みながらそのプログラムをふり返る。小田さんたちは、例えば参加者の少ないプログラムであれば、「次は〇〇しよう」「こういうアイデアもあるで」と前を向きな改善策を話し合う。明日はもっと良くなると考え、行動する。大きな心とともに、夢を追うポジティブな生き方に学ぶ。悲観から生まれることは少ないと思いながら、夢のある人と手を合わすことの意味を噛みしめる。

　設立10周年を迎えた2011（平成23）年、「かのさとポイント」制度を創設した。恐らく、グリーンツーリズムでは全国初だろう。年間数回プログラム参加する常連さんがいる。申し訳ないなあ、と思いつつ、10周年の謝恩の気持ちも表したいと考えた。千円ごとに1ポイントを付与し、同伴や知り合い紹介でも1ポイントを出す。1ポイントは250円相当の参加費で還元する。かのさとは日帰り参加費平均4千円なので、16ポイント貯まれば1回の参加費が無料になる。その年度内ならいつでも1ポイントから換算して参加費を割引きできる。

　このポイント制度に夢を見ている。今はかのさとのプログラム参加費の還元だが、いずれ地域内の事業所の商品やサービスの消費にポイントが使え、更に新見市外の商品やサービスと互換できる。特に、高梁川の上下流の人の動きを

促す「流域連携のツール」にできないだろうかと考える。

　もっと先には、グリーンツーリズムを展開する他地域の体験プログラムとの互換性がある。例えば、それぞれにない資源を活かしたプログラムの連携で、互いを紹介し合い参加増加につなげ、ツーリズム全体の規模を拡大し市場を膨らます。他地域のツーリズムと連携することで、それぞれの取り組みや手法などを学ぶ。各自がその情報をプログラムづくりに役立て、ツーリズム全体の質の向上にもつなげることは、我が国のツーリズムの持続可能な発展に資することになる、と大きな夢を膨らませる。

第10節　ホームファーマーと「萬歳じゃが」

　人口減少が止まらない全国の中山間地域は、高齢化や後継者不足により農地や山林の荒廃、集落の衰退消滅など、まち存亡そのものを揺るがす厳しい現実に当面している。もうその地域に住む人々だけで地域や農業を守ることに限界があると感じてきた。だからこそ農山村や地域の理解者・ファンを都市部に作ることが必要と唱え、農業農村を守ることは「水・空気・食料を守ること。日本の国土を守ること」と繰り返す。

　それが、かのさとツーリズムの変わらぬ「志」であり、「消えてたまるか中山間」とことあるごとに叫ぶ。地域住民とのふれあい交流と体験を通し、農山村の生活や生業やそこに暮らす人々の思いも理解してほしいと願い、プログラムを企画運営する。そして、都市と農村、生産者と消費者互いの顔が見え、直接つながった農業、地域を創ることが、これからの農業、地域の生き残りにかかわるだろうと強く強く思う。

　「ホームファーマー」と名付けた。ホームドクター（かかりつけ医）のように個と直接結びついた農業者を指す言葉として造語し、ホームファーマー制度の仕組み化を提唱している。「どんな野菜が欲しいですか」「次は○○を送ってください」「○○野菜はない？」など、店舗や個人など消費者の求めに応じて生産販売する農業を想定する。

　2016（平成28）年から3年間、岡山市にかのさとの野菜や旬の山菜などを

持ち込み定期的に対面販売する「かのさと夢あぐり日曜市」を開催した。たくさんの可能性を感じ、課題も見つかった。何より集荷販売を通し、かのさとの農作物が、自然と共生した生業・生活の中で手間暇かけ、丁寧に丁寧に作られていることを再確認した。それをかのさとブランド「真心正直造り」と命名した。重ねるほどに、個々の求めに丁寧に応じる「ホームファーマー」の可能性を感じた。

　かのさと体験観光協会は2014（平成26）年初夏、イタリアンの寺田真紀夫シェフ（現・備前市の頭島レストランオーナーシェフ）と出会った。当時、岡山市内でイタリアンの店を開き、産地にも出向き、岡山の食材に精通し、それらを使った地域性あふれる料理が高い評価を得ていた。新見市の「A級グルメフェア」でも料理ショーを2回担当していた。寺田さんは、かのさとの案内で新見市内の複数の畑に足を運び、土壌特性や栽培管理、農業に取り組む生産者の思いなどを聞き取り、自分の目で確かめた。

　翌年、その中から新見市哲多町萬歳地区（矢戸、老栄）、本郷地区の10数人が前を向いた。矢戸の赤木実さんは「地域の高齢者がまとまって何かを作れば、少しでも地域を活性化できる」と積極的に声をかけた。60〜70歳代の人たちが寄り、寺田シェフから高級ジャガイモ「インカのめざめ」の栽培提案を受けた。メンバーは品種の特性を学び、他のジャガイモとの比較、インカのめざめを蒸す、茹でる、焼くで調理した寺田シェフの料理を試食した。

　栗のような濃黄色と濃厚な味、他のジャガイモに比べ甘い。面々は「初めての味」「なめらかな食感」「力を感じる」と驚き、インカのめざめは秋栽培に向かないため、類似の「アンデスのあか」を各1kg取り寄せ、15人がそれぞれの畑で試験栽培した。収穫後、寺田シェフを招き、栽培検証会を開いた。大きさや収量、使った肥料や栽培管理などを話し合い、畑ごとに茹でて味見した。収量平均6〜7倍、「これならいける」とみんなが手応えを得た。

　インカのめざめは3月下旬から4月上旬に植え付け、6月下旬から7月上旬に収穫する。低温での貯蔵が難しく、主産地の北海道以外であまり栽培されていない。寺田シェフからは「次の世代への宝に残していける、栽培を通じて地域の誇りを醸成し、コミュニケーションや生きがいを生み出す」「価格もキロ

580円、3年後には新見市のA級食材の仲間入りを」などと助言を受けた。

　2016（平成28）年春、面々は「夢あぐり萬歳」（赤木実会長）を立ち上げ、インカのめざめの栽培に乗り出した。12人が各2～3kgを植え、平均14kg収量があった。次第に作付けを増やし、翌2017（平成29）年からは収穫したほぼ全量を県南の量販店に出荷し、岡山倉敷など10数店で販売するとともに、かのさとも直接販売する。

　インカのめざめの濃黄色の色素は、動脈硬化や老化予防などの働きがあるとされ、長寿の地域名と符合し、「萬歳じゃが」と名付けた。大規模化の難しい中山間地域を逆手に、高齢化のリスクを軽減する「少量多人数栽培」でブランド化を目論む。ブランド化には、品質規格、価格の統一が不可欠になり、それらの維持発展に腐心する。

　夢あぐり萬歳の面々は、県南の理解者支援者と情報交換しながら、作付け前、栽培中、集出荷、反省会など折に触れて良く集い、良く語り合う。萬歳じゃがという新しい関わり合いのテーマのもと、新しいコミュニティが生まれた気がする。今年（2020（令和2）年）も15人が60kgを植え付けし、4年目の出荷の夏を待つ。

第11節　ダムカレーとクアオルト

　にいみライスカレー協会は2019（令和元）年夏、新見市正田の納涼祭で萬歳じゃがをトッピングした「ダムカレー」を販売した。

　このにいみライスカレー協会は2017（平成29）年、仲間とともに立ち上げた市民団体である。新見市は6基の主要なダムのある「ダムのまち」で、自慢の千屋牛肉やキャビア、ピオーネ、ワインなど「A級食材のまち」を重ね、新見らしいダムカレーの考案と提供を呼び掛けた。現在、市内12店舗で独創的なダムカレーがメニューに載り、喫食提供されている。にいみダムカレーの定義は、ご飯で築く堰堤の高さ6cm、堰堤直下に新見のA級食材を1種類以上トッピングすることを条件とし、協会が認定する。

　協会は、各店ごとのダムカレーカードを作り、提供店を巡るスタンプラ

リー、市内のダムツアーやダムのある風景写真コンテストを企て、ダムカレーに内外の人々を誘う。新しい切り口によるまちづくりの波は爆発的に人々の興味関心を引き、喫食者を増やし、独自の進化を遂げた新見は「ダムカレーの新しい聖地」とまで言われはじめた。

　夢あぐり萬歳には、「萬歳じゃがを食べたい」「どこに行けば買えるのか」などの問い合わせが毎年ある。新見の人々にも「萬歳じゃが」のおいしさを知ってほしい、値段は高いがおいしい、との評価を地元でも得たい、との思いがあり、にいみライスカレー協会に萬歳じゃがを喜んで提供した。何より、にいみダムカレーにトッピングされることで、萬歳じゃがは待望の A 級食材の仲間入りを果たしたことになる。

　かのさと体験観光協会にとって、もうひとつ官民協働で取り組む活動がある。「クアオルト健康ウオーキング」である。新見市は 2017 (平成 29) 年 4 月、株式会社日本クアオルト研究所（名古屋市）主催の「太陽生命クアオルト健康ウオーキングアワード 2016」で全国 3 自治体に贈られる優秀賞に選ばれ、「クアの道」整備や専任ガイド養成、案内看板やコースマップ製作など態勢づくりの支援を受けた。

　新見市はこの年の秋からドイツの気候性地形療法の手法を活かし、心拍数をコントロール、冷気などで体表面温度を管理しながら歩く「クアオルト健康ウオーキング」に取り組んでいる。市内には中四国で唯一の認定 2 コースがあり、毎週定められた日の「毎週ウオーキング」、各種団体の個別予約に対応する「予約型ウオーキング」、イベントと組み合わせた「イベント型ウオーキング」などを行い、健康寿命の延伸と交流人口誘導を目指す。

　かのさとは、官民組織「新見市クアオルト推進協議会」メンバーの一員に名を連ね、イベント型ウオーキングの企画運営に携わり、企画実行部会のメンバーとともに、長年培ってきた体験プログラムづくりの手法を活かした企画を組み立て、当日運営している。これまでかのさとは「源流探検」(2013 〜 2014 (平成 25 〜 26) 年) や「源流ウオッチングツアー」(2015 (平成 27) 年) などのプログラムを県備中県民局との協働事業で企て、大勢の親子を高梁川源流での自然体験に誘った。いつも思いの先には高梁川の上下流の往来交流活性

化の夢を描く。

　一方、クアオルト健康ウオーキングは林野庁の保養活動事例に取り上げられ、2019（令和元）年度から始まった森林環境譲与税活用の動きとともに、都市部で源流や森林への関心が高まっているとの情報を小躍りしながら聞いた。あるいは、ダムカレーの企てがダムを通じ上下流域交流連携に連なることも確信している。かのさとの夢もダムカレーの夢もクアオルトの夢もその先には、人も自然も地域も元気なこれからの国（地域）づくりへと連なるであろうことの予感がある。

第12節　エピローグ～女子高生たちとのコラボ

　かのさとは2017（平成29）年、岡山県立倉敷商業高校の商業研究部企画の「高校生がおもてなし高梁川流域秋の親子体験ツアー」に協力し、県南の親子15人と高校生21人に（新見市千屋で）白菜の収穫とキムチづくりの体験プログラムを提供した。同高の商業研究部はデータ分析やマーケティングを踏まえ企画内容をプレゼンテーションする。その上で、プログラム協力を働きかけ、提案の可否や助言を受けた改善を繰り返しながら企画運営する。

　高校生らしい視点や発想も感心していた。翌年はインスタ映えに着目し、「高梁川流域フォトコンテスト」を企画した。7月9日を締め切りに作品を募集したが、7月5～7日、この高梁川流域を未曾有の豪雨災害が襲った。高校生たちは、「流域に来てくれることで被災地を応援してほしい」と、このフォトコンを継続した。

　「今年は何を」「高校生の修学旅行を企画したい。まずはモニターツアーから」。新しい年（2019（令和元）年）度が始まって間もないころ同研究部の訪問相談を受けた。彼女たちは、修学旅行の傾向や県内への受け入れ状況、市場性や可能性とともに、企画素案を熱く語る。一途な思いに全面協力を約束した。かくして7月13、14日に1泊2日「かのさとの魅力いっぱい高校生ガールズツアー」を企画。女子高生の視点で地域の魅力を発見発信し、滞在型の修学旅行のモデルプランを作り上げたいと目論む。

図表6-6 かのさとツーリズムと地域づくり概念図

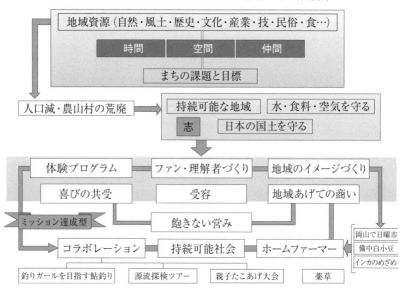

　かのさとは13日夕から14日昼までを担当した。県南の3高校から17人を哲多町矢戸地区に迎え、地域との交流バーベキュー、ホームステイなどを受け持った。高校生たちは「（みんなが）家族みたい」と話しながら田舎体験を楽しんだ。事後の感想に「何を食べても美味しい」「人が温かい」「ここに住みたい」と聞けば、かのさとの最大の財産は「人」との思いを再確認し、その人たちとの出会いの「場」を創出してきた積み重ねを、少し誇らしく感じた。

　前述の通り、かのさとは民間のグリーンツーリズムの企画受け入れ団体として中四国初の設立だったため、折々に国内外の視察を受け、かのさと流ツーリズムの講座を出前してきた。これまでの傾向を記しまとめとしたい。なお、かのさとは、韓国から2014（平成26）年と2018（平成30）年、それぞれ異なるテーマで、大学関係者と行政関係者の視察を受けたことも付しておきたい。

　初期のころのテーマは圧倒的に「プログラムの作り方」だった。組織を作ったが、あるいはグリーンツーリズムに取り組みたいが、どのように体験プログラムを作ったらいいのか。問いかけに対し、まず地域資源を見つけ見直すこと

を力説。考案の「地域資源暦」を元に花、食、農作業、民族行事、遊びなど地域資源探しをワークショップで話し合い、その資源に「見る、食べる、作る、学ぶ」など「る・る・ぶ」を掛け算する手法を話した。

　平成の大合併（2005（平成17）年）後は「組織運営」が主なテーマになった。繰り返しになるが、かのさとは行政の補助金に頼らない、自立した活動をしている。市町村合併は財政的な背景をもって進められた。それぞれの自治体内の団体にも自活してほしい、もう補助金を今まで通り出せない、という行政の思いも透けて見えた。

　最近は「宿泊」「農家民泊」「教育旅行」などをテーマにした取り組みへのアドバイス依頼が特徴的にある。かのさとは宿泊系のプログラムはあまりない。視察に訪れる団体は「農家民泊に取り組むが、もてなしや体験プログラムはどうしたらいいか」という、いわばソフト面での悩みを抱える。民泊のもてなし心得は、かのさと提携で千屋実地区に簡易宿所開設の手伝った時に作成しており、来訪者が農山村での宿泊に何を求めているかを心に納め、相手の立場になった気配り目配りの必要を活動事例とともに具体的に話す。

　2019（令和元）年度は、かのさとにとっては珍しく大阪、名古屋、県内と宿泊系の要望の多い年になった。そして、重なるように高校生たちと一緒に宿泊プログラムに取り組んだ。決して偶然ではないめぐり合わせは、これから先のかのさとの行く方を暗示しているようにも感じた。

（仲田　芳人）

第**7**章
鷺島みかんじまプロジェクト
― 対話を通じた地域の素材開発 ―

第1節 日本一新幹線駅から近い離島 佐木島

　広島県三原市の沖合に浮かぶ佐木島（鷺浦町）。三原港から高速船で約13分、フェリーで約25分の距離に位置しており、「日本一新幹線駅から近い離島」とも呼ばれている。

　面積8.71㎢、周囲18.2kmの島には、人口641人が暮らす（令和3年2月末日

図表 7-1　佐木島の位置

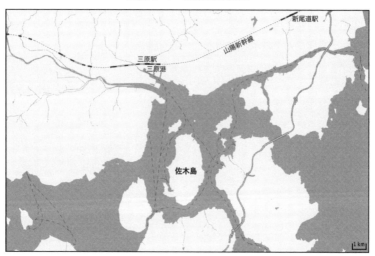

出典：地理院地図 Vector（仮称）（https://maps.gsi.go.jp/vector/）を加工して作成。

現在)。主産業は農業で、大平山 (268m、しま山 100 選) の山裾に特産品である柑橘の畑が広がり、平坦地ではワケギやメロンが栽培されている。北、東、南西にそれぞれ集落があり、各地区で文化や話し言葉に少し違いがある。

　この島では 2016 (平成 28) 年から、地域住民と協同で島の活性化に取り組む「鷺島みかんじまプロジェクト」が活動を続ける。佐木島の観光素材開発と持続可能な活性化を図ることを目的として、島の特産品のみかんを軸に①商品開発、②空家活用、③耕作放棄地の活用、④イベント開催の 4 つの事業を行う。今回はこれまでの活動と成果、直面した課題とその打開策、今後の目標についてプロジェクト関係者と住民 6 名から話を伺った。

第 2 節　プロジェクトの立ち上げ

　発案者は当時、一般社団法人三原観光協会の職員であった中村華奈子さんである。中村さんは三原市出身。福山市にある高校を卒業後、東京の大学へ進学した。8 年間百貨店に勤務し、和雑貨の販売や法人外商を担当。その後、地元を活性化させたいと三原市へ U ターンし観光協会で働き始めた。協会では観光コーディネーターを担当。三原の埋もれている観光素材を掘り起こし、観光客を呼び寄せ、人と人との繋がりを作るために様々な事業を手掛けた。

　まず中村さんが取り組んだのは、「山脇邸再生プロジェクト」である。西国街道沿いにある、約 20 年空屋だった伝統的な日本家屋を周辺住民やボランティアと共に清掃・改修し、ワークショップやイベント会場として生まれ変わらせた。そして、市内の神社仏閣の石段に、地元の園児や小学生等が作った 1,000 体の石のおひなさまが並ぶ「みはら彩るまち歩き『おひなまつり』」の開催に尽力した。このような取組みを通じて、「地域の人が自分たちのことだと思って前向きにいろんな事を取り組んでくれた。一緒に協力して、一緒に楽しさを共有する活動を体験した」と言う。

　一方、佐木島では長年、島の活性化に住民主体で取り組んできた。1990 (平成 2) 年から来島者の呼び込みと島の PR を目的として、町内会が運営主体となり毎年 8 月に「トライアスロンさぎしま大会」を開催。また、2020 (令和 2)

年まで10年間以上島の地域づくりに取り組む「元気さぎしま協議会」が活動を続け、環境美化や健康づくり、観光資源の開発を行っていた。

「島の元気な人たちと一緒に何かやったらどんなことができるんだろう。佐木島でも新たに島の活性化と観光という部分を合わせて取り組んでみたい！」という気持ちから、中村さんは佐木島でのプロジェクトを考え始めたという。

プロジェクトの立ち上げまでには、約1年間の構想期間があった。中村さんが主導し岡崎陽子さんと2名で全体構想を練り、熊谷喜八さんからアドバイスをもらいつつ事業内容を深めていった。岡崎さんは中村さんの友人で、東京の大学を卒業後、株式会社電通に11年間勤務し、独立。主にコピーライター・コンセプトプランニング・コミュニケーションデザインに従事した。現在はコミュニケーションのコンサルティングを行う、株式会社TEEMA代表取締役を務める。そして熊谷さんは世界を代表するフレンチシェフでKIHACHI創業者である。

人口減少が進む島を活性化させるためには、土地や人、産品、観光などあらゆる島の資産を活かし、島内へ収益をもたらす構造が必要と考えた。1品や1産業のみに頼る商品開発や観光開発では、ブームやなんらかの危機が訪れたらすぐに廃れてしまうというリスクがある。みかんや加工品、空き家や耕作放棄地の活用というように、出来るだけ多角的に島全体で事業を展開し、やがては島で「自走」できるような構造を念頭に考えた。

さらに島が活性化していくために、なんらかのコンセプトに則って事業を進めていきたい。伯方島といえば塩、大久野島といえばうさぎ、直島といえばアートというように、島が自走していくための1つの「柱」としてみかんを据えたという。

しかしそれと同時に、商品価値がまだあまりなかった佐木島の産品を使った商品や産品自体の価値を向上させる必要もあった。ただでさえ認知度の低い佐木島。その中で個人がバラバラにジャムやお菓子を作っても、商品パッケージや使用するロゴが統一されていなければ消費者に佐木島の産品だと認知してもらいにくい。

そこで、ネーミングとロゴを含むブランディングを岡崎さんと三原市在住

のデザイナーである赤野有希さんが協働で制作した。産地表示に正式名称「三原市鷺浦町」と書かれても、魅力である瀬戸内海の離島であることが伝わりにくい点からも、「瀬戸内」の「島」の産品だとわかるネーミングにした。さらに、「鷺」と「佐木」表記の混在によるイメージの分散を防ぎ島全体の取り組みとして認知を上げるため、「鷺島」というブランド名称に統一した。

図表7-2　プロジェクトロゴマーク

同時に島の形、鷺とみかんをモチーフにした。瀬戸内海の古き良き印象や安心感、高品質、落ち着いた印象を与えるロゴマークを提案し、島の方々に受け入れてもらったという。

そして2016（平成28）年4月、協会の新規事業として鷺島みかんじまプロジェクトを始動した。

第3節　各事業の取組みとこれまでの成果

続いて、当プロジェクトの各事業内容とこれまでの成果について紹介したい。

1　商品開発

（1）　無農薬で柑橘を栽培する農家とのジャム開発

島のみかん農家と共に、熊谷さんがレシピを監修したジャムが製造、販売されている。ジャムを作るのは、果遊工房代表の引地典子さん。引地さんは、島出身の夫と結婚。現在は約1.0haの園地で農薬を使わずに、みかん、レモン、甘夏などの柑橘を栽培する。

引地さんがジャムを作り始めたのは20年以上前になる。その頃、営業で全国を飛び回るサラリーマンの夫が、島のみかんを手土産としてよく取引先へ渡していた。しかし、みかんは旬のある生ものなので、ある程度時期が過ぎるとどんどん腐ってしまう。また、1軒分ならまだしも、3・4軒分となると持

**図表 7-3　プロジェクトがプロデュース
　　　　　したジャム**

ち運びするにも少々荷物に感じる
ことが多かった。生もののみかん
よりも、消費期限がもっと長く持
ち、持ち運びしやすいものがあれ
ば……という思いから自宅でジャ
ムを作り始めた。味は好評で、次
第に取引先の飲食店や個人から注
文が入るようになった。

　その後、瓶の仕入れ業者から保
健所の製造許可を得るようにアド
バイスされ、夫の後押しもあり、1998（平成10）年に「果遊工房」を立ち上
げた。「将来をきっちり見据えないといけないと気持ちになった。それと同時
に、このジャムが島の活性に繋がればいいなと思った」と話す。

　倉庫2階の広さ約10畳の小さな工房で機械を使わず、みかん、レモン、青
みかんを使った3種類のジャムと甘夏のマーマレードを友人2名と手作業で丁
寧に1つ1つ作る。

　当時は田舎の素朴さをあえて売りにしたかったので、商品パッケージにはあ
まりこだわらず、「島の旬を食べんさい」と書いた手書きの手作りシールを貼
り付けた。島内のパン屋、地元の道の駅「みはら神明の里」、柑橘の店頭販売
をしていた広島市内の店舗などで販売していたという。

　中村さんに声を掛けられたのは、市内のホテルで開催された熊谷のディナー
へ参加した時だった。引地さんは島内の有志で結成する「さぎしまを愛するボ
ランティアガイド」に所属していたため、以前から観光協会と繋がりがあっ
たそうだ。中村さんは、美味しくて可能性を秘めたみかんジャムだからこそ、
「もっと魅力が伝わる商品のビジュアルにすれば、より高付加価値を持った商
品になると証明したかった」と言う。

　世界のあらゆる食材を知るフレンチシェフの熊谷さんも、無農薬で栽培され
たみかんに興味を示し、レシピの作成に取りかかった。

　プロジェクトメンバーらは柑橘本来の味を味わってもらうために、砂糖の

量をなるべく控えめにしたいという引地さんのこだわりも取り入れながら、レシピの試行錯誤を繰り返し、味の改良に取り組むこと約1年。素材の良さや瀬戸内を感じさせる「鷺島みかんじま」ブランドで統一された、熊谷さん監修のジャムが完成した。

　さらにプロジェクトでは、既存のジャムやマーマレードの改良に加えて、新たな島の素材を使ったジャムも手掛けた。目を付けたのは青みかん。青みかんとはより大きく甘みたっぷりのみかんを収穫することを目的に、余分な果実を若いうちに摘み取る（摘果）過程で出るものだ。本来ならそのまま地面に落とされ廃棄されてしまう果実。「毎年大量に廃棄される果実を何とか活用できないだろうか」と、当時、道の駅副駅長だったシェフの中田耕治さんらの発案で「青みかんジャム」が生まれた。2019（令和元）年から既存のジャムに加えて販売を開始。現在では、道の駅やホテルでの販売のみならず、東京都銀座のひろしまブランドショップ「TAU」や衣食住と生活全般に関わる日用品を扱うライフスタイルショップの「AKOMEYA TOKYO」でも販売され、年間約2,000個を売り上げる。

（2）　島の柑橘を与えて育てた鶏卵「島たまご」の開発

　島のゆったりとした環境で鶏を平飼いし、引地さんが作る減農薬栽培の柑橘を配合した飼料を与えて、島の資産を生かしたオリジナルの美味しい卵を生産する。

　飼育する鶏は名古屋コーチンだ。コーチン鶏は日本ではわずか6％しかいない、純国産鶏の中でも高級な鶏である。瀬戸内海ののびのびとした環境で、柑橘飼料で飼育された鶏という特徴を伝えるきっかけになる名前に、そして、瀬戸内を代表し世界へ羽ばたく立派な鶏になって欲しいと願いを込めて、鶏たちを「瀬戸内柑太郎」と名付けた。

　飼料は、青みかんの他に、ひじき等の海藻、自家製の塩、畑で採れるクローバー・野菜等などを配合している。

　島たまごの開発は、2018（平成30）年から始まった。発案者の市内の鶏肉専門店「鳥徳」専務取締役小林史典さんが商品のプロデュース、品質や販売管

図表 7-4 島たまご

図表 7-5 のびのびと育つ瀬戸内柑太郎

理などを担当する。小林さんは長年、瀬戸内三原の特産品のみかんを使ったブランド鶏をつくることを夢見てきたという。

鶏の飼育とたまごの生産を担当するのは、島で生まれ育った堀本隆文さんと妻の紀子さん。堀本さんは元々、島内で養鶏業を営んでいたが飼料の高騰などの理由で14年前に廃業。今回、プロジェクトへの協力をきっかけに養鶏業を再開することとなった。

事業はまず、島内外からのボランティアと共に雑木や草木で荒れ放題だった鶏舎跡地の整備から始まった。次に試験用の鶏12羽を飼育し、餌の配合を調整しながら、たまごの味や出来を確認した。そして2019（平成31）年春から雛の飼育を開始し、同年夏頃から本格的に「島たまご」の出荷に乗り出した。

白い斑点のある桜色の「島たまご」は、殻がしっかりと固く、きめ細やかでコクのある黄身と濃厚な白身が特徴である。栄養価も一般の卵と比較して高い。目や皮膚の粘膜を健康に保ったり、抵抗力を強めたりする働きのあるビタミンAは約1.3倍。そして、有害な活性酸素から体を守る抗酸化作用や、免疫を増強する働きがあるβカロテンは約31倍である。さらに人間が体内で作れない必須脂肪酸のDHAは約2.4倍あり、鯖とほぼ同等の数値だ。

島たまごのロゴやパッケージにもこだわった。外装は、一目で島の素朴さや

のびのびさ、力強さが伝わるように筆文字を使用した。パッケージは上質感がありつつも、環境に優しい手育てのぬくもりが感じられるようなものを使用している。フタを開けると内側に「ISLAND EGG」の押印もある。

　現在は300羽を飼育し、月間約6,000個の新鮮なたまごを出荷する。今後、鶏の数を増やし、将来的に2,000羽を飼育し、月4万個の出荷数を目指す。紀子さんは、「昔は、鶏舎での作業が嫌でたまらなかった。でも今は毎日鶏舎に行くのが楽しい。みんなで島たまごを作っていると感じる」と話す。

2　空家活用 — 長時間休憩所「島時間『鷺邸』」の設置 —

　島内の空屋を活用した休憩施設の島時間「鷺邸」。

　プロジェクトが始動した頃、島内には休憩できるような施設や食事処が限られていた。産品を活用した商品づくりだけでなく、島への来訪を促したり、気軽にゆったりと滞在したりできる場所を設置する必要があった。島での滞在時間を長くすることで、地域とより深い繋がりを持ち、人々の暮らしや地域の特性などをより理解し、地域内の経済を活性化させることもできる。受け入れを行ってくれる方と、受入場所の確保は、大変重要な課題であった。

　プロジェクトメンバーが白須克子さんと出会ったのは、空屋調査を手伝っていたボランティアの方からの紹介がきっかけだった。白須さんは自身が生まれ育った実家の活用法をちょうど考えていたこともあり、プロジェクト側の提案を快諾した。

　ボランティアの力も借りながら部屋の片付けや庭の剪定・清掃を行い、2016（平成28）年7月に島時間「鷺邸」はオープンした。

　どこか昔懐かしさが残る鷺邸では、瀬戸内の穏やかな波音や船の汽笛の音、心地よい海風が部屋の中まで届く。周りには民家がないことから、ゆったりとした島ならではの時間を人目を気にすることなく過ごすことが出来る。建物沿いの1本道を下ると佐木島で一番長い砂浜を持つ、長浜海岸が広がり夏には海遊びやBBQを楽しむことができる。

　当初は多目的スペース、イベント開催場所を提供するのみであったが、翌年からはランチ営業も始めた。毎週火曜日、白須さんが友人と一緒に仕込み、島

の旬の食材をふんだんに使ったオリジナルランチを提供する。白須さんが無農薬で栽培したレモンでつくる「水軍焼 ®」も人気だ。水軍焼 ® とは、水軍焼協議会が主導となり喜八シェフが監修を務める、三原の新郷土料理開発プロジェクトが開発した料理だ。特徴は三原のブランド鶏「神明鶏」と三原産の柑橘を使い、「水軍の兵たちが勝利を祝い浜辺で焼いた」を連想させるような内容である。鷺邸では、神明鶏のミンチをレモンの柔らかな若葉で包んで焼く。レモンの葉の、フレッシュで爽やかな香りが神明鶏の美味しさをより一層引き立てる。

　今や、鷺邸は単なる癒やしを得る休憩場所というだけではなく、島内外から人を招き入れ、人と人が出会い交流し繋がる拠点、鷺島みかんじまを発信する場所として重要な機能を果たす。偶然島を訪れた人々が、鷺邸で島の素材の魅力に触れたり、出会いをきっかけに交友関係を広げたり、その場を活かして独自に島でイベントを開催したりするなどの動きが生まれている。

　白須さんは、「プロジェクトに関わるまではただの島民の1人だった。しかし、自分が外から島へ来る人を迎える側になることで幅広い年代の方との出会いが増え、関わる喜びを感じるようになった。昔は島に対してマイナスのイメージを持っていたが、島の良さに気付けたことが嬉しい」と語る。

3　耕作放棄地の活用
　　 — 耕作放棄されていたみかん畑を管理し、収穫体験ツアーを開催 —

　プロジェクトでは立ち上げ当初から、耕作放棄された島内の畑を管理し、収穫体験ツアーを実施している。プロジェクトメンバーを中心に管理を行い春から初夏にかけて肥料撒き、草刈りや剪定作業を行う。

　2019（令和元）年度は、筆者が観光協会からの委託で夏と冬に2

図表7-6　みかん狩りを楽しむ親子

回収穫体験イベントを企画・開催した。イベントでは、みかん農家の引地さんからハサミの使い方や収穫の手順を教えてもらい収穫を行う。お昼ご飯には、鷺邸のオーナー白須さんらが作る、島の野菜や島たまごを使ったランチを頂く。採れたてのみかんを搾り、100％の佐木島みかんジュースを作る体験は子供だけでなく大人にも大人気だ。参加者は、地域の方々や参加者同士での交流や海遊び等の自然の中での遊びを通じて、自由に島時間を満喫する。三原市内をはじめ、県内の3歳から60代の方までの総勢30名の方にご参加いただいた。

4　イベント開催：サギ・ビーチ・パーティーの開催

　サギ・ビーチ・パーティー（サギパ）は、佐木島の認知度を高め、島を訪れるリピーターを増やすことを目的として、来島者に島の魅力を体・食・音で存分に感じてもらうイベントである。島民はもちろんのこと、三原市内のホテルや飲食店などの企業、市役所、環太平洋大学と連携し、これまで2016（平成28）年と2019（令和元）年に開催された。

　第1回は島の魅力を今までにない方法で体験してもらおうと、島の産品や自然を味わうメニュー、海上で行うライブ演奏など、新しく島の魅力を発信できる内容を企画した。

　イベントのメインは、フレンチシェフ熊谷さんが島の産品を使って作る、屋外でいただくビュッフェ＆BBQランチ。参加者は、地元で採れた野菜や柑橘等をふんだんに使用した約20品の料理と共に、目の前の大野浦海水浴場のビーチ、瀬戸内の穏やかな海、そして三原市内の町並みの風景を楽しむ。

　さらに防波堤上を舞台に、開放的なロケーションで披露されるプロのジャズ歌手による生ライブや、みかん箱をDJブースにした浜辺でのDJプレイ、砂浜で行うビーチ相撲、ドローンでの撮影などを通じて、五感で存分に島の魅力を感じることができる。

　第2回では、島にある素材を活かした新たなコンテンツも加えた。さぎしまを愛するボランティアガイドによる島内1周バスツアーや柑橘や加工品の直接販売。オリジナルジュース、島野菜たっぷりのカレーやちゃんこ鍋等飲食販売を行った。

　第1回の来場者数は約300人、第2回は約400人と、延べ700人の方に島の魅力を楽しんで頂いた。

　サギパは島の魅力やコンテンツをお披露目する場であり、島外の方々が来島するきっかけの場になればよいと考える。イベントという実施形態や屋外ランチという内容にこだわらず、島にしかない体験の提供を通じて島の魅力を発見してもらい、島のファンが増えるとともに、島内外の人と物の交流が生まれ、島の中でお金が回る仕組みができればよいと企画・ディレクションした岡崎さんは話す。

第4節　直面した課題と実践したこと

　様々な事業を進める中で最も苦労したことは、プロジェクト内外でのコミュニケーションだった。

　お互いの意見が対立した時、双方の認識の差を埋め、関係者と目的を共有し、足並みを揃えながら事業に取り組むためには、いくつかの注意点がある。運営開始から6年、プロジェクトメンバーが実践してきたポイントを3つ紹介したい。

ポイント1：伝える順番や手段を工夫する

　まず1つ目は、伝える順番や手段を工夫するということだ。

　地域でまだ誰もしたことがないような、新しいことに取り組む時、事前に相談すべき相手や了承を得ておかなければならない人物は誰か、ほとんどすべて手探り状態だ。プロジェクト開始当初は、地域の方から「わしはまだ聞いとらん。話をする順番が違う」と怒られた事もしばしばあったという。しかし、いろいろな人と話を重ねていくと複雑な人間関係がだんだんと整理されていく。「この人とこの人がこのように繋がっているから、この人からまず話をしよう」と、連絡プロセスの戦略を徐々に立てられるようになってくる。

　そして地域を巻き込み地域に協力を仰ぐ事業は、地域の方々がほぼ満場で「いいよ」と言ってくれないと進まない。さらに、事業やイベントの規模が大

きいほど「こちらがやることを気に入らないと感じる人も出てくる」というのも事実だ。情報の伝え漏れを防ぐと同時に、住民の方々の理解を得るために、町内会メンバーや島内各種団体の長が集まる会議や総会へ顔を出し、事業について説明する機会を積極的に設けた。

　また、メンバー内で新たな事業の立ち上げやプロジェクト全体の方向性の話し合いをする等、物事の根幹を検討する際は、文章のみのメールや電話で伝えるのではなく、直接会って話をする。そして、内容をイラストや図、写真で分かりやすく示した紙媒体の資料を必ず作成し、地域の方々の合意を得て進行する。

ポイント2：妥協してはならない部分を明確に伝える

　次に2つ目は、妥協してはならない部分を明確に伝えることだ。

　中村さんをはじめとするプロジェクトメンバーでジャムの商品作りを全面的にプロデュースすることとなり、引地さんとは約1か月半に1度の頻度で打ち合わせを重ねていた。しかし、最初の1年間は商品作りがなかなか進まなかった。

　引地さんは柑橘本来の甘さを活かすために、砂糖を極力入れないジャムを長く作ってきた。「この味がみんなから好評だ。私のジャムは甘くないというのが売り」と、それまで作っていたジャムに対しての誇りと自信があった。しかし、熊谷さんに「もっと甘くしなさい」と言われたことがショックで、初めは熊谷さんのレシピをなかなか受け入れることができなかった。

　プロジェクトのメンバーは何度も工房へ通い、「1回レシピ通りやってみてください。駄目ならまた考えましょう」と話を重ねたという。「私の味だから守らないといけない、とこだわり過ぎていた」と引地さんは当時を振り返る。

　プロジェクトメンバーは「こんなに美味しいジャムを作っているのにもったいない……。多くの人々にこのジャムを知ってもらいたい、そして佐木島の活性化につなげたい」という思いと共に、砂糖や水などの分量は勿論のこと、火を通す時間や火力加減もイチから説明した。そして、ジャムの作り手たちを集めて試食や意見交換をする調理研究会も行った。

　レシピ通りに作ってみると、砂糖や水を適度に加えたことで苦みがなくな

り、以前より美味しくなった。さらに1度に出来るジャムの量も増えた。引地さんは自己流で作っていたジャムとの明らかな違いを実感し、それから徐々に熊谷さんらの指導に納得し、レシピ通りのジャムを作るようになったという。

　商品パッケージや価格についても見直した。瓶は白蓋のついた丸瓶から金蓋の六角瓶へ、商品ラベルは手書きシールからプロに依頼し作ってもらったデザインへ変更した。そして価格については、原価計算をきちんとやり直し、1瓶450円から700円に設定した。

　引地さんは、販売場所やターゲットの顧客に合わせて味やパッケージ、価格も含めた商品ブランディングをする大切さを学んだという

　「それまでは自分の手の届く範囲とイベントでの販売しかしてなかった。世間に広く売る方法を知らなかったし、力がなかった。プロジェクトを通じて若い人たちと関わるようになって、いろんな人に助けてもらったと感じている。歳をとってもやれることってあるんだな、人との縁というのは本当に大事」と話す。

ポイント3：相手の本音を引き出す場を作る

　そして3つ目は、相手の本音を引き出す場を作ることだ。これは引地さんとの商品開発を通じて中村さんやメンバーが学んだ反省点でもある。

　関係者が集まる場を作り、資料内容の読み合わせを一緒にしながら、質問や分からないこと、不安なことについて細かく確認を行うようにしている。

　また、地域の女性の本音を引き出したいときは、「女性のみを集めた場を作る」というのがポイントだという。島では男尊女卑文化が全くないとは言えない。「夫がいる前では話したい部分、聞きたい部分をお互いにオブラートに包まないといけないこともある」らしい。夫の居ない場をセッティングし、女性だけでご飯を食べ、お酒を飲みながら、時には日々の愚痴を聞きながら、事業に対しての考えや思いを聞き出す。

　プロジェクト側の意向や計画を相手にきちんと理解してもらえるまで伝える。双方の考えを踏まえた上で事業内容の細かな調整をし、着地点を見つけ

る。事業の達成したいゴールに沿い、妥協してはならない点を明確に伝える。相手の意見や意向、本音を聞き出す。

　これらを達成するために重要なことは、対面で相手の表情や反応を見ながら話をとことんするということだ。メールや電話を通じて伝えることと比べ、時間のロスも多く、手間のかかる伝え方のように感じる。しかし、その労力を惜しまず、時間、人員、お金などのいわゆる、〈コミュニケーション・コスト〉を丁寧に費やす。そうすることで、情報の共有度が上がり認識の違いが生じ難くなる。そして結果的に事業をより早く、確実に進めることができる。

　その一方で、「話が分かる人を見極める」ことも重要である。「わかり合えないって自分で分かる瞬間がある。もうどうやったって話にならないっていう場合は相手を切り替える。話の分かる人と話を進めていったら、話がどんどん上手くいくようになっていくので違うところから繋がってくる」とメンバーは話す。

第5節　これからの取組みと目標

　プロジェクトは、これまで住民と三原市内の飲食店や業者、道の駅関係者などと一緒に様々な取組みを行ってきた。

　設立から5年目を迎えた2020（令和2）年4月、プロジェクトは協会から独立。任意団体として活動を継続することとなり、中村さんからのお誘いを受け、筆者が代表を務めることとなった。現在、事業をさらに発展・強化するために各プロジェクトの収益性向上と新規事業の立ち上げに力を入れている。

　まず、既存の事業の収益性向上に向けて、「島時間『鷺邸』」の旅館業許可の取得と利用料金の見直しを行った。そして、その他の事業についても自走できるように売上と利益アップのための戦略を検討すると共に、それぞれからプロジェクトの運営資金を回収する仕組みづくりについて話し合いを重ねている。

　その一方で、新たな取り組みにも挑戦している。

　まず、プロジェクトの支援をメインとしたふるさと納税の商品をリリースした。寄付者は、みかん狩り体験チケットの他、引地さんが作るみかんや柑橘

ジャム、島たまごを返礼品として受取ることが出来る。

　次に、耕作放棄地でのめん羊 2 頭の飼育を開始した。農地維持管理に不可欠の除草作業の負担軽減と、羊との触れ合いイベント開催や羊毛を使った商品開発等、島の新たな観光素材としての活用を目的とする。この取り組みは、公益財団法人日本離島センターの「離島人材育成基金助成事業」制度を活用し実施する。

　さらに、素材とスパイスを活かした料理を得意とするフード専門家と協同で柑橘を使った新たな商品開発にも取り組んでいる。

　将来的には島たまごの会員制定額販売サービスや、瀬戸内柑太郎の鶏肉販売に取り組みたい。その他、柑橘を使った加工品製造場と直売所、島の野菜や柑橘を使った料理を提供する飲食店、みかん狩りなどの農業体験が出来る施設が揃った「鷺島みかんじまファーム」の設立を目指す。島にある素材の価値を高め、雇用を生み出し、人が集まる場を作ることで持続可能な事業を実現すると共に、賑わいを生み出す場を作る。

　1 人 1 人と丁寧に対話を重ねることで事業が持続し、発展していく。今後もより多くの人々や団体、企業と連携し、一緒に活動を進めて行きたいと考えてる。しかし、「地域の住民が主役である」ということを決して忘れてはならない。プロジェクトに関わる一人ひとりが自分の得意なことを活かすことができ、そこで主役になれるような仕組みや場を作ることが大切である。

　今後も鷺島みかんじまプロジェクトが「地域に愛されるプロジェクト」になることを筆者は願っている。

謝　辞

　今回原稿を執筆するにあたり、中村華奈子さん、岡崎陽子さん、小林史典さん、白須克子さん、引地典子さん、元観光協会職員の松井寛さんにインタビューのご協力をいただきました。この場を借りて深く感謝を申し上げたいと思います。ありがとうございました。

（松岡さくら）

第 **8** 章

日生カキオコ物語
— 楽しみながらまちづくり —

第1節　は じ め に

　2002（平成 14）年 1 月、岡山県庁に通勤する兵庫県赤穂市と日生町（現備前
市日生町[1]）在住の仲間 3 名が、JR 赤穂線の車内で「日生をカキお好み焼きと
漁村の風情が楽しめるまちとして、日本全国、そして、全世界に発信しよう」
という話で盛り上がり、食べ歩きをするところから、この物語が始まりました。

　あれから 18 年。2020（令和 2）年の冬の日生は、前年秋から生産が始まっ
た日生産カキのでき栄えがことに良くて、週末毎にお好み焼き店の前には行列
ができ、1 〜 2 時間待ちの店が続出、ここ数年で一番の大盛況。仲間と一緒に
楽しみながら紡いできた日生カキオコ物語は、2011（平成 23）年秋の B-1 グ
ランプリ出場時以来、2 回目の絶頂期（クライマックス）を迎えたと思ってい
たところでした。

　そこに突然、新型コロナウイルス感染症拡大の危機。全世界にウイルスは蔓
延し、今（現行執筆時）2020（令和 2）年 5 月上旬、日本全国に緊急事態宣言
が発令中です。感染拡大防止、国民の生命を守る措置が最優先の状況下におい
て、外出抑制が敷かれ、観光は全面ストップ、多くの飲食店が営業を自粛して
います。これから世界はどうなるのだろう、日本は、自分たちのまちは、生活
は…、「先が全く見えないトンネルの中」というのが今の実感です。

　そんな今、これまでの「物語」を振り返りながら、これからの時代、まちづ
くりをどう楽しむのか、どう生きるべきなのか、本章を記す機会に考えたいと

と思います。

第2節　日生カキお好み焼き研究会

　2002（平成14）年1月26日土曜日、冷たい雨の降る昼下がり。大人5人と子ども2人の合計7人が、日生のお好み焼き店の食べ歩き調査を行った。

1　カキお好み焼き調査（2002年1月）

　そのひと月前、筆者（兵庫県赤穂市在住で元岡山県職員）が仕事で日生を訪れた際、昼食をとる適当な店が見当たらず、駐車場から近くのお好み焼き店に入店。黒板に書かれた「カキ入りあります」の文字にひかれて注文し、一口食べたところ「これまで味わったことがないカキ入りお好み焼きのおいしさ」に感動した。これがきっかけで、JR赤穂線で一緒に通勤する日生町在住の通勤仲間2名と食べ歩き調査を企画し、この日筆者の家族を含む7人で調査を行った。

　調査をしたのは5軒。日生では、駅から歩いて15分程度の範囲に当時でも7～8軒のお好み焼き店があった。この町が漁師町で、主婦が外で働く家が多かったことから、漁を終えた漁師が昼間から酒を飲んだり、学校から帰った子どもたちがおやつ替わりに粉物を食べたりして、お好み焼き店が「地域の食卓」としてよく利用されていた。漁師町特有の 稠 密で不規則な迷路のような町並みの中にお好み焼き店が点在しているのが、日生の町の特徴だった。

図表8-1　食べ歩き調査対象

①お好み焼き店調査
　（店名、電話番号、駐車場、値段、
　焼き方等15項目）
②おもしろい日生弁集め
　（日生特有の言葉の聞き取り）

図表8-2　食べ歩き調査（2002年1月）

　一行は、店主に調査の趣旨を説明し了解を得た上で、カキお好み焼き2枚を注文し、一人4分の1ずつ食べながら、聞き取り調査を行った（図表8-1から8-3まで）。

　そして、この日最後の店で調査結果を語り合う中で、日生でカキお好み焼きを食べ歩くことは、とても「おいしくて楽しい」ということを皆が確信し、マップを作ろうということになった。日生カキお好み焼き研究会（以下、研究会という）の設立の場面である[2]。

　こうして2002年2月に完成した「日生カキお好み焼きマップ」。表面は、日生の地図と店舗情報を掲載し、裏面は、「日生弁クイズ」（図表8-4）。正解は、「①カキお好み焼きを食べながら（お店の）おねえさんに教えてもらう、②道を歩いているお年寄りに聞く、③日生に住む」とした。お好み焼きができるまでは約15分間。女店主とお客の会話が生まれるような仕掛けを盛り込んだ。

　この手作り感あふれるマップは、研究会メンバーの知人たちに配布され、中には岡山市から日生まで食べに来てくれた人もいたが、まもなくこの年のカキのシーズンが終了した。

図表8-3　食べ歩き調査事項

・どの店にも日生弁を見事に使いこなす女店主＝「おねえさん（※）」がいる。
　（※日生では、女性は何歳になっても「おねえさん」と呼ばれる）。
・店のおねえさんは気さくで話好きであるが、初めてのお客には身構えるところもある。
・お好み焼きの焼き方が大阪風でも広島風でもない「日生風」である。（キャベツにうすい生地を混ぜて鉄板に広げ、さらにその上にキャベツをのせて焼く。）
・新鮮なカキがたくさん入る。（最低でも5～6個、多い店では15個程度）
・店ごとに焼き方、トッピング等が微妙に違い、見た目や味わいに特徴がある。
・日生ではカキはもらって食べるもので買って食べるものではない。冬の食材として、家庭ではどんな料理にでも使われる。野菜炒めにもカキを入れる。
・日生には、岡山県内でもここだけで使われる言葉が多く、今でも使われている。

図表 8-4　　　初代マップ（2002 年 2 月）

（表面）

（裏面）

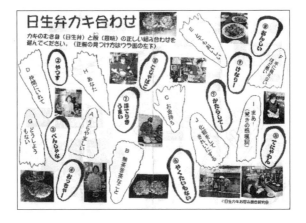

2　カキオコブームの到来

2002（平成 14）年 11 月、前冬に作成したマップがきっかけで、『タウン情報おかやま』で「日生カキお好み焼き特集」が突然組まれた。ここから、物語が急展開していく。ひなびた漁師町日生のお好み焼き店に、岡山市から（JR 赤穂線で約 1 時間の日生まで）わざわざブーツにコート姿の若い女性がカキお好み

焼きを食べに来始めた。さらに、この情報誌掲載がきっかけで、翌2003（平成15）年1月上旬、RSK（山陽放送）の人気テレビ番組「VOICE21」で特集されると、日生のお好み焼き店には土日ごとに大行列が出現。この突然降って沸いたような話題を新聞が取り上げて、急にブームが起こってしまった。

　後年、全国各地のご当地グルメ、温泉、パワースポットなどが次々とブームになっていく。その際、「ブームの火付け役は若い女性」と定説のように言われるのだが、突然のカキオコブームは本当にその通りの展開であった。

　我々は研究会を設立して半年間、何の役職も決めていなかったが、マスコミ取材を受ける中で、赤穂線通勤仲間の3名が会長（筆者）、代表（川平昌彦。当時日生町職員、現在備前市職員[3]）、事務局長（谷脇千春（現姓・塚本）。岡山県職員）となる。会長と代表がいるのは、取材を受ける時にどちらか都合がつく方が対応すればよく、便利だからである。

　この突然のブームをどう継続するか。当時、岡山県東備地方振興局（現岡山県備前県民局東備地域事務所）に在職していた著者は、当時の振興局幹部から「食の魅力をアピールするには実際に食べてもらうことが一番良い」と勧められ、2月の「日生かき祭り」に研究会でボランティアを集めて屋台を出店した（図表8-5）。何もかも初めてで、終始ハラハラドキドキだったが、開店前から行列ができ、数時間で約500食が売り切れた。こうして、盛況のうちに2年目のシーズンも終了した。

　こうなるとカキのオフシーズン用メニューの開発に期待が高まる。研究会では、お好み焼き店の協力を得て、エビ、タコ、イカ、アナゴ等日生で水揚げされる魚介類を使ったお好み焼きを試した。その結果、夏場の長期間に収穫され、価格的に安定している地物エビを使ったエビお好み焼きに決定。併せて、当時、日生のお好み焼き店の多くが夏場に提供していた「かき氷」と

図表8-5　日生カキ祭り（2003年2月）

図表8-6　カキオコバッジ

セットし、「夏期お好み焼き」と題して、夏場の新名物として売り出した。「夏期」とかき氷の「かき」をかけて、「カキお好み焼き」を連想させようとした。

しかし、エビお好み焼きはゆっくり噛み締めて味わうと、地物ならではの濃いエビの味がして美味しいのだが、残念ながらカキほどのインパクトがなく、未だにブームは来ていない。

2004（平成16）年秋。3年目のカキシーズンを迎えるに当たり、マップだけではお好み焼き店の場所がわかりにくいとの声から、研究会がのぼり旗を作成することになり、そのマークとして、「カキオ」と「カきコ」[4]のイメージキャラクターが誕生した。

さらに、このキャラクターをあしらった「カキオコバッジ」も作成（図表8-6）。1個200円（当初）で販売し、それを付けてカキオコを注文すると、カキ2個サービスという特典付き[5]。カキオコのリピーターとして、何度も日生に来てもらうための仕掛けであると同時に、バッジの売上利益は研究会のささやかな活動費の原資にした。

この頃、赤穂線の車内で研究会メンバーが打ち合わせをする中で生まれたのが「カキオコ」のネーミング。「カキお好み焼き」は長くて言いにくいので、研究会の川平代表が短縮して口にしたのがきっかけである。

次々と活動が広がっていく。お客が増えていく。ブームが広がっていく…。カキオコで自分たちが金を儲けるわけではないが、楽しみながらまちが変わっていく様子に満足している矢先…問題が起こった。

3　1回目の危機

　3年目の冬。正月を過ぎてカキが一年で一番おいしい時期を迎えた頃、突然、当時の日生町役場から「勝手にカキオコをはやらされては困る」「お客が押し寄せて迷惑だ」とクレームが入った。

　研究会では、カキオコのおいしさや楽しさを実感し、「誰かに教えてあげたい」とか、「日本全国そして世界に発信したい」との想いでマップを作成したが、マップには店の連絡先は掲載しているものの、問い合わせ先は何も書いていなかった。このため、カキオコの人気が高まるにつれて、町役場に「どこの店がおいしいのか？」「駐車場がわからない」「公衆トイレが少ない」などと、問い合わせや苦情が殺到した。

　「日生のために良いことをしたのに、悪者のように言われてはやっていられない」と研究会からも声が上がった。ブームの到来と同時に、いきなりの危機。

　確かに、勝手にPRを始めた研究会側に非はあるのかもしれないが、かといって、マップ作成前に役場に協力を求めても相手にされなかっただろうし、クレームを研究会に言う前に、役場から話し合いの場を呼びかけて来るべきだろうとの言い分もある。

　双方が文句を言い合うだけでは何の解決にもならない。そこで、研究会から西岡憲康町長（当時）に手紙を書き、2月下旬の懇談会を申し入れた（図表8-7）。会談の冒頭、「町長、研究会に入って一緒にカキオコのまちづくりをしてください」と著者が言うと、西岡町長が「ええよ」。

　この一言から、役場と研究会の連携が始まった。この日をきっかけに、マップの問い合わせ窓口を日生町観光協会に引き受けてもらえることになった。こうしてやっと観光客の受け入れ体制が整うのである。

図表8-7　日生町長との懇談会
（2004年2月）

　この後、カキオコは「日生新名物」として、年を経るごとに岡山県内から関西方面へと知られるようになっていく。お客もさらに増えていく。

　そして、日生カキオコは、空前のB級グルメブームの大波にもまれ、その後、ブームが去り、地元おもてなし型の活動へと変化していく。

第3節　カキオコ研究会的手法

　楽しいこと、思いついたことを自由気ままにやっている。そんな風に見えるかもしれないが、カキオコ研究会としてのこだわり（手法）を紹介する。

1　カキオコの特性分析と活動計画

　活動当初、食べ歩き調査で自分たちが感じた「おいしくて楽しい」をマップにしたが、その後、研究会では、カキオコの特性（強み）を5つの項目で分析していた（図表8-8）。これらをアピールポイントとして、マスコミ発信、マップ、ホームページ、さらには、日生カキオコ合唱団（後述）のPRソングに盛

図表8-8　カキオコの特性（強み）分析

項目	アピールポイント
①魔力	「どんな味がするのだろう、一度食べてみたい」とまるで催眠術にかけられたように強い好奇心を引き出す魔力。
②庶民性	若い女性や子どももお年寄りも、みんな一緒に普段着でおいしく楽しめる。
③スロー性	焼き上がるまで最低でも15分。大きな鉄板を囲んで座り、気さくな女店主（「おねえさん」）と「日生弁」会話を楽しむ。このスローな時間の共有が郷愁や旅情を引き立てる。
④産地ならでは	新鮮なカキがお好み焼きの上に山盛り。「ウソーッこれだけ入ってこの値段!?」という他所の地域では真似のできない産地ならではのパフォーマンス。
⑤ジューシー	カキお好み焼きを一口食べると口の中にパーッと広がるジューシー感。この一目惚れとも言える「衝撃」に誰もがヤミツキに。

図表8-9　日生カキお好み焼きプロジェクト（抜粋）（2003年）

プロジェクト項目	課題・問題
○受け入れ体制づくり	・駐車場が少ない
○お好み焼き屋の連携と自助努力	・案内標識
○カキお好み焼きフルコースの開発	・接客態度、衛生面、味
○カキのオフシーズン対策	・研究会の限界
○駐車場の確保と歩いて楽しめるまち	資金、広報力、マンパワー
○PR大作戦	あくまでもボランティア
（マスコミ戦略、ソング、グッズ）	・オフシーズン対策
○カキオコおみやげの開発	・ブームの存続性
○町民の理解	・地域の応援

〈大きな目標〉
夢は「全国ブランド」、そして
『どっちの料理ショー[6]』で明石焼きと勝負して勝つこと！

り込むなど、様々なPR活動を行った。

　また、研究会の活動計画として、2003（平成15）年「日生カキお好み焼きプロジェクト」を作成した。このプロジェクトは、日生を訪れた人々が、瀬戸内海のミネラルをいっぱい含んだジューシーな風味の日生のカキが入ったお好み焼きを味わいながら、見事な日生弁を使いこなすおねえさんとの会話や漁村風情が残る路地の散策、新鮮な魚介類やみかん等特産品の買い物などを楽しめるまちの実現を目指している。カキお好み焼きを楽しめるまちづくりに向けて、研究会、店舗、町ぐるみで取り組むべきことと課題・問題を整理した（図表8-9）。

2　カキオコ研究会的手法（ノウハウ）

　仕事ではなく、遊びの一環（ボランティア活動）として、自分たちが楽しみながらできることをやろうというのが研究会の活動原則である。しかし、やり方として特に5つのこだわりを持っていた。手法（ノウハウ）というほど大したものではないが、まちづくり活動を始める人への参考として紹介する。

●地域のおもしろさ（宝物）の発見

地域に長い間積み重ねられてきた生活文化からおもしろさ（宝物）を発見する。歴史、文化、風土に裏付けられているおもしろさ（宝物）は、他の地域でまねができない。発見には、よそ者の視点が重要である。

●楽しく・おいしく

食べ物の味覚（おいしさ）は、誰でも惹きつけるもので、わかりやすい。さらに、楽しさと子供の視点を入れると、誰もが理解でき、なじみやすくなる。

●町の人との対話が生まれるように

言葉（日生弁）は、来訪者に強い印象を与え、郷愁や旅情を感じさせて、また来てもらえるきっかけになるので、町の人との対話が生まれるような工夫をする。活動初期は、ホームページの掲示板を活用し、書き込みを通じて、お客との対話や即時性のある情報提供を行った。

●柔軟に、かろやかに

役所では、前の年度に予算化した事業を次の年度に実施するので実現に時間がかかる。研究会は自分たちがおもしろいと思ったことをとりあえずやる。研究会メンバーや店舗の人たちとの会話から発想する。

●お好み焼き店とお客の両方の視点

研究会は、お好み焼き店の宣伝もするが、お客の代表もする。お客からの苦情は店舗に対してはっきり伝え、改善を促す。

3　カキオコ応援メンバーの存在

しかし、カキオコ研究会活動の原点は、このような手法ではなく、楽しさである。その原動力は「カキオコ仲間」。我々の活動は、当初から、日生のまちづくりやカキオコブームを生み出すことを主目的としたわけではなく、自分たちがいかに楽しめるかを重視した。活動初期の我々の資金集めは荒手で、友人や仕事仲間に声をかけて宴会をして、手作りのマップを配布し、カキオコの話で盛り上がり、会計の余りを活動費として寄付をしてもらう。あの当時、それでも応援してやろうというメンバーが、常時20～30人はいた。会長、代表、事務局長の3人が県庁に在籍していたことで、それぞれの「友だちの輪」が広

がり、無理やりだったかもしれないが、職場の上司や同僚、職場以外の友人たちも喜んで付き合ってくれた。

「カキオコ花見会」「カキオコ幻想庭園」「カキオコ忘年会」（図表8-10）。これが今日まで長年続けてこられた本当の手法である。カキオコをテーマに日生から離れた岡山市内で毎年数回繰り広げられる宴会は、今でこそ資金集めはしないものの、カキオコをネタにいろんな人が集まって、楽しく飲んで大騒ぎをする。この活動は自分たちが楽しむためにやっているということを再確認する大変重要な行事であり、長年応援してくれているメンバーとの交流の場である。

こうした応援メンバーがいてくれてこそ、おかやまマラソンや備前焼まつりでカキオコブースの出店が可能となっている（図表8-11）。また我々中心メンバーが活動を続ける原動力にもなっている。イベント出店を手伝ってくれた学生もベテランの応援メンバーも、カキオコの宴会の最後はいつも一緒に肩を組んで「今日の日はさようなら」の大合唱。みんな笑顔である。

4　日生カキオコ合唱団の結成

カキオコ研究会が「もの好きの集まり」であれば、合唱団は、「もの好きの極み」。研究会活動を始めて3年目の2004（平成16）年11月。和気ドーム（岡山県和気町）で開催されるまちおこしイベントのステージパフォーマンスで優

図表8-10　カキオコ大忘年 in 岡山
（2018年12月）

図表8-11　おかやまマラソン EXPO
（2019年11月）

図表 8-12　合唱団作成 CD
（2005 年 2 月）

勝すると賞金 10 万円という募集要項につられて、活動資金目当てで出場することに。

「カキオコの歌を作って PR すればいける！」早速、オリジナルソング 2 曲を作成し、事務局長の友人の手話の指導者に手話振付をつけてもらった。

演奏は、当時岡山県庁で昼休みに流れていた「地産地消おかやまの唄」のギターリストとドラマーをスカウト。歌い手は、カキオコ応援メンバーから急きょ選考。

当日は、メンバー 8 人で出場。しかし結果は参加賞（紅白のワイン 2 本）。

ところが、このワインを飲むため開いた忘年・反省会で話が急展開。「カキオコソングの CD を作ろう！」と盛り上がり、そこに偶然参加していた新聞記者が記事にしてしまう。この新聞記事がきっかけで、RSK テレビ「VOICE21」の追っかけ取材が入り、翌年 2 月には地元日生のイベントに合唱団が出演、それと同時に CD 発売（手作り・1 枚 500 円）となってしまった（図表 8-12）。

その後、合唱団はカキオコを岡山県内外のイベントに出店する際に同行し、ステージでカキオコの PR をしながらカキオコソングを歌った。そのうち、合唱団だけのイベント出演も増えていった。

合唱団の特徴は、日生カキオコや岡山をテーマにしたオリジナルソングと手話振付。手話は、会長（筆者）と事務局長が、研究会発足前、同じ課でバリアフリーと障害者福祉の仕事をしていたことのこだわりである。

合唱団のメンバーは、5 〜 10 名程度。歌の上手下手は関係なく、総じて皆お酒が好きでノリが良い。元気よく、カキオコソングで、日生や岡山県を盛り上げることが合唱団の信条である。

YouTube 動画「グルグルおかやま B 級グルメ」は、日生カキオコ、津山

ホルモンうどん、ひるぜん焼そば、美咲町たまごかけごはん、笠岡ラーメン、総社玉とうふ、岡山デミカツ丼の地元を巡り（図表8-13）、合唱団と各地域のグルメ応援団体が一緒に手話振付をしながら歌うもの。

図表8-13　美咲町 JR 津山線亀甲駅
（2011 年 2 月）

　合唱団は、B-1 グランプリのステージで 3 年間この曲を歌い、岡山県勢を応援した。手作りソングと手話振付、周りの人々を巻き込んで楽しく歌って盛り上がる。合唱団は、研究会独特の手法である。

第 4 節　日生カキオコの経済効果とオーバーツーリズム

　「おいしくて楽しい」から始めたカキオコの PR 活動は、その後、B 級グルメブームにも乗って、日生は大いに賑わう。その反面、押し寄せるお客に町が悲鳴を上げた。

1　カキオコブームの軌跡

　日生カキオコは、「日生新名物」として、岡山県の観光情報にも取り上げられるようになり、JR 西日本との連携企画やテレビ番組のミニ特集等を通じて、関西方面や広島方面へ知られるようになり、年々日生を訪れるお客が増えていった。それに歩調を合わせるように日生でカキオコを提供する店も増えていった。

　ちょうどその頃、「B-1 グランプリ」がきっかけとなり、全国的に B 級グルメブームが始まる。岡山県からも津山ホルモンうどん研究会やひるぜん焼そば好いとん会が出場し、上位入賞を果たして脚光を浴びる中、地元日生でも出場への期待が高まる。

　B-1グランプリは、ご当地グルメでまちおこしの祭典である。グルメを通じてまち自体をPRするイベントであり、出場するには、まちぐるみの体制が必要になる。約1年の準備期間を経て、2011（平成23）年春（活動10年目）、研究会は、地元の商工会、観光協会、備前市役所、お好み焼き店等と連携して、日生カキオコまちづくりの会を設立。半年後の同年11月、姫路市で開催されたB-1グランプリに出場した。

　図表8-14は、著者が管理する「日生カキオコHP」のアクセス件数の推移である。これを、情報発信（注目度）の指標としてみると、カキオコは、決して一直線にブームになったのではなく、2005〜2006（平成17〜18）年、2008〜2009（平成20〜21）年、停滞期を経ながら増えているのがわかる。研究会でもブームの継続を考えて、話題づくりやイベントへの参加、近隣のグルメとの連携などを手がけてきたが、何といっても大きな影響をもたらしたのは、B-1グランプリであることは明らかである。2010（平成22）年はB-1出場を表明した年であるが、マスコミ取材が増えて前年の約2割増、初出場した2011（平成23）年にはさらに前年の約6割増になっている。後から考えると、

図表8-14 「日生カキオコHP」アクセス件数の推移

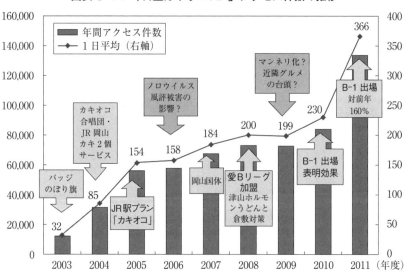

B級グルメブームは、2006（平成18）年頃から始まって、2011（平成23）年頃に絶頂期を迎えるが、日生カキオコもうまくその波に乗っていた。B-1グランプリ出場によって、全国ブランドになった。

このアクセス件数は、そのままお客の推移と考えて良いほど現地の集客状況と一致している。筆者は、当時毎日のアクセス件数をチェックしていたが、前日の件数が多いほど翌日は日生の町が混み合った。

2　カキオコの経済効果

図表8-15から図表8-17までは、B級グルメブーム真っ只中の2010（平成22）年度の岡山県調査の結果である。

これによると、日生カキオコの年間来客数は19.7万人で、岡山県全域への経済波及効果は9.6億円となっている。観光は裾野が広い産業といわれているが、特に、ご当地グルメ観光は単にその地域の飲食店の売上が伸びるのではなく、周辺地域の宿泊業、小売（土産物・飲食料品等）、石油製品、鉄道旅客輸送、グルメの原材料である農水産物等、幅広い分野への波及効果が現れている。

日生カキオコでは、経済効果9.6億円のうち飲食店は2.73億円（28.4％）であるが、原材料のカキの消費にもつながり、海面漁業が0.91億円（9.5％）と

図表8-15　岡山県内ご当地グルメ（7種類）経済波及効果

調査対象グルメ	岡山県全域 経済波及効果	年間来客数
津山ホルモンうどん（津山市）	26.9億円	32.9万人
ひるぜん焼そば（真庭市）	16.5億円	26.2万人
デミカツ丼（岡山市）	17億円	23.4万人
日生カキオコ（備前市）	9.6億円	19.7万人
たまごかけごはん（美咲町）	4.5億円	7.8万人
笠岡ラーメン（笠岡市）	6.1億円	23.4万人
千屋牛ラーメン（新見市）	15百万円	5.2千人
合計	79.2億円	131.8万人

出典：岡山県『平成22年度（2010年度）ご当地グルメ経済効果調査事業報告書』

図表8-16 経済波及効果の内訳
（ご当地グルメ7種類全体）

順位	産業分類	経済効果（億円）
1	飲食店	17.8
2	宿泊業	9.6
3	小売	5.8
4	石油製品	4.8
5	鉄道旅客輸送	4.2
6	その他の運輸付帯サービス	3.6
7	金融	2.2
8	航空輸送	2.0
9	めん・パン・菓子類	1.6
10	卸売	1.5
	その他	26.0
	合計	79.2

出典：岡山県『平成22年度（2010年度）ご当地グルメ経済効果調査事業報告書』

図表8-17 経済波及効果の内訳
（日生カキオコ）

順位	産業分類	経済効果（億円）
1	飲食店	2.73
2	海面漁業	0.91
3	宿泊業	0.78
4	小売	0.69
5	石油製品	0.53
6	鉄道旅客輸送	0.27
7	その他の運輸付帯サービス	0.23
8	金融	0.23
9	卸売	0.20
10	めん・パン・菓子類	0.15
	その他	2.90
	合計	9.60

出典：岡山県『平成22年度（2010年度）ご当地グルメ経済効果調査事業報告書』

なっている。ここには掲載していないが、備前市内の経済効果分析では、陶磁器（備前焼）12百万円や果実（柑橘類等）8百万円にも効果が現れていることがわかる。

3 2回目の危機（オーバーツーリズム）

2011（平成23）年11月に姫路市で開催されたB-1グランプリは、2日間で51.5万人という空前の来場者となった。日生カキオコまちづくりの会では、連日、日生からバス2台、約80名のスタッフを送り込み、カキオコとともに、備前市、日生町をアピールした。また、スタッフとは別に日生から応援バスが出るなど、まさに、町ぐるみ、地域一丸での出場であった。

結果は、初出場ながら69団体中の第9位入賞。岡山県勢では、ひるぜん焼

そば好いとん会がゴールドグランプリ、津山ホルモンうどん研究会がシルバーグランプリに輝いた。岡山県のB級ご当地グルメは全国から注目を受け、日生にもグルメ客が押し寄せた。それまでの次元を超えた状況である。

もともと、日生は海辺の漁師町。わずかな平地や山裾の傾斜地に建物がひしめくように建ち並び、道路は狭く迷路状でまち全体として十分な駐車場を確保できる土地がなかった。このため、地元スーパーの駐車場に県外ナンバーがズラリと並び、無断駐車や路上駐車が各所で発生。イベントでもないのに幹線道路の国道250号が大渋滞になり、住民の日常生活にも支障を及ぼすようになった。日生カキオコまちづくりの会事務局（備前東商工会）や備前市役所には連日苦情が入る。まさにキャパを超えた状態である。

町ぐるみで取り組んだB-1グランプリの結末は、今で言うオーバーツーリズム（観光公害）そのものであった。

駐車場探し、交通整理員の配置、JR利用の呼びかけ等、対処療法的ではあったが、まちづくりの会、商工会、市役所、お好み焼き店ができる限りの対策を行った。しかし、この年、シーズン終了まで混乱が続いたことは事実である。

全国知名度を得て人気が高まることは、観光客数の増加や経済効果で地域全体へ大きな恵みをもたらすものの、同時に様々な問題を地元に引き起こすことを、日生カキオコは身を持って経験したのである。

第5節　まちづくりに終わりはない

1　ご当地グルメブームが残したもの

日生カキオコまちづくりの会は、結果的には、2011（平成23）年姫路市、2012（平成24）年北九州市、2013（平成25）年豊川市の3回のB-1グランプリに出場した。それ以上は、お好み焼き店の高齢化とボランティアスタッフの確保が困難で、遠方のイベント出展は続けられなかった。

ただ、3年間の出場は苦い経験だけではなく、その後の日生に大きな成果をもたらしたのも事実である。日生カキオコは岡山県を代表するご当地グルメの

図表 8-18　カキオコ新聞（2014 年作成）

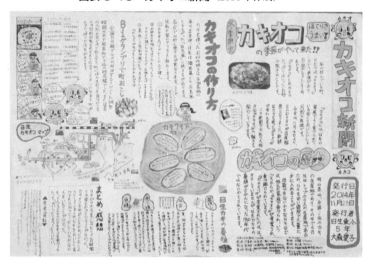

一つとして、県の観光パンフレットに毎年掲載され、全国系テレビ番組にも度々取り上げられるようになった。駐車場問題の完全解決は難しいものの、各店舗でも近隣の駐車場を借りるなど、駐車場台数は増加した。お好み焼き店の店主たちは、数年間一緒に活動することが多かったため、商売仲間と言うよりもまちづくり仲間としての意識が強まった。そして、何より、日生の人がカキオコを町の名物だと明言するようになった。

2015（平成 27）年の山陽新聞社主催「第 4 回おかやま新聞コンクール」で入選作品に選ばれた『カキオコ新聞』（図表 8-18）は地元の備前市立日生東小学校 5 年生（当時）によるもの[7]であるが、まとめ・感想欄の最後に「もっとたくさんの人にカキオコを食べてもらって『おいしい』と言ってもらいたい」と書かれている。

まさしく、研究会の設立の日に我々が話した言葉と同じである。

　2　その後のカキオコまちづくり

ブームはいつか終わるもの。空前の B 級グルメブームも 2011（平成 23）年を頂点に徐々に下火になったような印象がある。

　日生カキオコまちづくりの会では、2014（平成26）年、イベント遠征型の活動から地元おもてなし型に活動方針を転換した。カキのオフシーズンに日生の食や漁師町風情を楽しんでもらうイベントと、10月備前焼まつり（備前市伊部）、11月おかやまマラソンEXPO（岡山市）へのカキオコブース出展を活動の柱とした。

　オフシーズンのイベントでは、ヒナセノミーノ（漁師町・日生のワンコイン飲み食べ歩き）、日生海のそば（夏場の新メニューの海鮮焼きそば）、インバウンド向けカキオコ体験プログラム等々、地元店舗や県内の大学生、高校生、時には日生に滞在する外国人の協力を得て、楽しみながら試行錯誤を繰り返している。

　そして、何より大切な活動であるカキオコの宴会は、もちろん、地元日生でも活発で、日生カキオコまちづくりの会の総会での懇親会と忘年会には、毎回お好み焼き店のおねえさん（女店主）たちも多数参加して、大いに盛り上がり、最後に参加者全員で肩を組んで「今日の日はさようなら」を合唱している。

　まちづくりに終わり（ゴール）はない。いつも物語の途中である。だから面白い。

　今、まさに、新型コロナウイルスで大打撃を受けた大ピンチ。日生カキオコ物語の続きも是非ご期待いただきたい。（図表8-19）

図表8-19　まちづくりの会総会（2020年5月）
（新型コロナ対策のため少人数開催）

第6節　おわりに

「楽しいことは正しい」カキオコの活動を始めて間もない2004（平成16）年秋、赤穂市に逗留（とうりゅう）していたイラストレーターの黒田征太郎さんにお会いする機会があり、直接ご本人からいただいた言葉です。

「楽しいから、続けられる、みんなが集まる、アイディアが出る。だから、町が元気になる」その時、黒田さんがそう言われたかどうかはよく覚えていませんが、私は、日生での活動は、そういう想いを持って、自分が楽しみながら続けていこうと思いました。逆に言うと、楽しくなければいつでもやめようというわがままな考えです。

仕事ではない、生活上必要なことでもない、でも、この活動を通じて、私の人生の中で、とてもカラフルでまぶしい体験を数え切れないほどさせていただきました。という事で、楽しいから、まだまだやめるわけにはいきません。

人生100年時代が到来すると言われています。自分の人生を楽しくできるのは自分です。本章を読んで、心のどこかが熱くなったり、何かやってみたいと思う人がおられるとしたら、こんなうれしいことはありません。

謝　辞

最後になりますが、これまで一緒に楽しみながら（時々苦しみながら）活動をしてくれてきた川平、塚本の両名をはじめ、カキオコ仲間の皆様に心から感謝を申し上げます。

なお、2021（令和3）年3月、日生カキオコまちづくりの会は中国運輸局長から「令和2年度中国地方観光振興アワード」の表彰をいただくことになりました。"日生カキオコ物語"20年目の節目の年に大きなプレゼントをいただきました。楽しみながら続けてきた我々のまちづくりが中国地方の優良事例として認められたことを、心より喜んでおります。

これまで応援いただいた皆様、カキオコを食べに来ていただいた皆様、地元の皆様、そして、長年活動を支えてきてくれた仲間たちに重ねて感謝申し上げます。

注

1)　活動当初は和気郡日生町。2017年に備前市及び和気郡吉永町と合併した。備前市日生町は、岡山県域の南東の隅に位置し、兵庫県赤穂市と隣接する人口6,750人（2020年3月現在）の町。瀬戸内海に面する漁師町で、昭和40年代から始まったカキ養殖が盛ん。現在では、カキの生産量が全国第3位の岡山県において、その5割以上を占めるカキの産地である。

2)　この日を記念して、日生カキオコまちづくりの会では、1月26日を「カキオコの日」と定めている。

3)　川平昌彦代表は、日生カキお好み焼き研究会発足当時、日生町職員として、岡山県庁へ出向していた。

4)　カキコの「き」は平仮名。作者は当時小学3年生女子。理由は「なんとなく」。

5)　カキ2個サービスは、数年後に休止。現在は行っていない。

6)　1997年から2006年まで放送された料理バラエティテレビ番組。

7)　地元の小学生が自主的に作成したもの。当会側から依頼したものではない。

（江端　恭臣）

第9章

山陽学園大学とNPO法人大島まちづくり協議会とのまちづくりにおける協働

第1節　はじめに

　本章では、山陽学園大学がNPO法人大島まちづくり協議会と連携協定を締結し、6年にわたり協働してきた記録を綴っていく。最初に、協定締結前の大島におけるまちづくりの活動の紹介に紙面を割きたいと思う。なぜなら、連携協定を締結し、これから事業を協働していく上で、「相手のことを知る」ということが最も重要だからである。相手のことを知らずにどれだけ真剣に事業に取り組むことができるであろうか。まちづくりは容易なことではない。どれだけの道のりをどれだけの思いで歩いてきたかを知ることにより、そこに共感が生まれる。この共感なくして、協働も貢献もあり得ない。筆者も最初から十分に共感していたとはいえ、無責任であったと思わざるを得ないが、この6年の月日を経て、共感の重要性を再度体感した次第である。共感することで、本当に親身になり相手のことを考えることができるようになり、また、共に泣き、共に笑うことができるようになる。そして、相手に対して感謝の気持ちでいっぱいになる。そして、それが生きがいになる。本章の後半では、地域づくりの本質は、人づくり、人と人との関係づくりであることを念頭にいれ、山陽学園大学とNPO法人大島まちづくり協議会とのまちづくりにおける協働について紹介していく。

第2節　笠岡市大島地区の概要

　大島地区は、岡山県南西部に位置する笠岡市の中心部から南東の一帯である。大島まちづくり協議会の活動拠点である「大島海の見える家」は、南は瀬戸内海に面し、北は御嶽山斜面に抱えられた穏やかな気候の地である。大島は陸続きの地であるが、東には寄島など周囲にも「島」のつく地名が見られ、沿岸に島々も点在する。海に面した急斜面の地形から、漁業や畑作が中心である。また文化遺産の宝庫でもあり、「津雲貝塚」に見られるように、縄文の昔より繁栄していた地域である[1]。

第3節　笠岡市大島地区が抱える問題点

　日本は、1970（昭和45）年に「高齢化社会」になり、その後も高齢化率は急激に上昇し、1994（平成6）年に「高齢社会」、2007（平成19）年に「超高齢社会」になった。2010（平成22）年10月1日時点で、笠岡市全体の高齢化率は約30.0%、大島地区は31.7%となり[2]、加えて過疎化も進み、様々な課題が山積していた。高齢化による生活機能の低下、人口減少による集落の生活支援機能の低下が急速に進んでいる。また、教育や医療、防災など、基礎的な生活条件の確保にも支障をきたしている。さらに、公共交通の廃止（バス路線の廃止）や学校の統廃合、JAの統廃合等が行われ、産業の担い手が不足し、地域の生産活動が機能しなくなりつつある。

　こうした状況の中、地域における住民福祉の向上や働く場の創出を図り、さらに、豊かな自然環境や伝統文化などの地域資源を活かした個性のある魅力的な地域づくりを進めなければならない。特に、高齢者世帯の孤立が危惧されており、地域の誰もが楽しく生活していくためには、地域の住民同士の「支え合い」の取り組みが必要となってくる。そこで、住民の皆さんのニーズを把握し、地域の共助システムを整備し、地域コミュニティの再構築を目指すこととした。

第4節 大島まちづくり協議会の結成と取組み

　そうした背景を受け、2011（平成 23）年 2 月に、地域の皆さんが安全で安心して暮らせる魅力あふれるまちづくりを推進するため、笠岡市協働のモデル地区として指定を受け、「大島まちづくり協議会」を結成した。2011（平成 23）年度は、次年度からの本格的な稼働に向けての試行、課題模索を行い、2012（平成 24）年度が、活動初年度となった。実施された事業は多種多様であり、関係者の積極的な支援により実施することができた（図表 9-1）。

図表 9-1　2012 年度実施事業一覧

1. 多目的広場の造成新設	8. 史跡マップ作成
2. 耕作放棄地の再生	9. 青佐山展望案内板設置
3. 花街道づくり	10. 研修事業　講演会など
4. 大島お宝探しとウォーキング大会	11. 交流事業　よっちゃれ参加など
5. 桜 10 選指定・梅林造成・水仙の里育成	12. 広報事業　会報「みたけニュース」発行
6. ふれあいマーケット新設	13. 共催等主催外参加事業
7. ふれあいテラス開設	14. 防災マップ製作

　また、2012（平成 24）年 12 月の笠岡市議会の議決を経て、大島まちづくり協議会が笠岡市から「大島海の見える家」の指定管理者に指定され、2013（平成 25）年 1 月より、様々な事業の拠点として活用することが可能になった（図表 9-2）。それまで、会長宅が拠点

図表 9-2　大島海の見える家

だったことを考えると事業を進めるうえで相当の効率化が図られた。そして、同時期に決定された厚生労働省の介護基盤緊急整備等臨時特例基金によるパイロット的・先進的事業である「地域支え合い体制づくり事業」を 3 か月で完了

し、2013（平成25）年3月10日、「大島海の見える家」にて「大島いきいき
サロン」が開設された。

　2013（平成25）年4月から本格的に始動となった「大島いきいきサロン」
では、毎週金曜日に地域の食材を使った食事を提供し、ヘルスアップ体操や健
康測定を行い、グランドゴルフやうたごえ喫茶など開催し、子どもから高齢者
までのふれあいの場として活動している。参加者の人数も1回に50名以上、
ときには100人に迫る勢いである。さらには、地域で収穫された米や野菜な
どを販売する「わくわく市」を同時開催し、地産地消に一役買っている。また、
カフェテラス「ささえ愛」も営業を開始し、交流の場としての役割を果たして
いる。

第5節　NPO法人大島まちづくり協議会設立

　2011（平成23）年2月の大島まちづくり協議会の結成当初から、協議会の目
的を達成し、事業を拡充していくためには、契約の主体となれる法人化が必要
との意見があった。そこで、同年6月に、NPO法人設立のためのプロジェクト
チームを発足させ、幾度となく検討を重ねてきた。そして、2013（平成25）年
7月に、NPO法人設立総会の開催後、設立の認証を申請し、同年10月、NPO
法人設立を岡山県知事が認証し、同年11月、NPO法人設立し登記に至った。

　2014（平成26）年には、「NPO法人大島まちづくり協議会」が主体となり、
総務省による地方創生の実証事業である「暮らしを支える地域運営組織のあり
方に関する調査研究事業」の助成を受け、公共交通機関が廃止されたことによ
る買い物難民および移動難民の支援事業に取り組んだ。本協議会がNPO法人
化されていたため、スムーズにワンボックスカーをリースすることができ、運
行体制の安全管理の確立について検討できた。その結果、安全のバックアップ
体制とその責任の担保を整理する必要性が示唆された。一方で、地域で第二種
運転免許を有している方がボランティアで運行してくださるなど、無償運行事
業体制の構築が大きく前進した。

　また、2014（平成26）年には、耕作放棄地の開墾と農作物の作付け等が行

われ、同年11月23日に「秋穫祭」イベントを開催し、収穫された米、野菜をメインに、海産物も販売され、餅をはじめ地域の産物の料理で賑わった。秋穫祭は3世代交流事業の一環でもあり、自然の恵みに感謝しながら、世代を超えて交流することができ、地産地消の醍醐味といえる「作った人々と共に顔を見ながら賞味できるお祭り」となった。

　この秋穫際に、山陽学園大学総合人間学部生活心理学科の学生および教員20名余りが「協力隊」として参加し、地域住民との交流を図った。学生は地域の高齢者から手芸を教わり、販売の手伝いをし、スィートデコづくり体験ができる店を出した。特に、おばあちゃんと子どもがデコ作りを楽しんでいたのが印象的だった。これを機に、本格的に山陽学園大学と大島の皆さんとのまちづくりの協働が始まった。人と人との交流は、私たちに常に新たな気づきと発見を与えてくれる。大島地区でのまちづくりの協働が、学生たちはもちろん、関わるすべての人たちの新たな発見の機会になることを願ってやまない。

第6節　山陽学園大学とNPO法人大島まちづくり協議会の協働

　2014（平成26）年夏、筆者（隈元）は本学特任教授の古川英巳先生の紹介で、NPO法人大島まちづくり協議会の大島博会長ご夫妻と岡山市のホテルの喫茶店でお会いした。古川先生にも同席していただき、アイスコーヒーを飲みながら、くつろいだ雰囲気の中、大島会長より笠岡市大島地区におけるまちづくりの経緯と、事業を遂行するにあたり地域で不足する若い力を求めていることや、地域特産品の開発を行いたい、また、大学と連携したい旨の相談を受けた。

　学内での検討を経て、2014（平成26）年9月、教員3名（古川、隈元、藤井）が協議会の活動拠点である「大島海の見える家」を視察し、大島会長より正式に協議会の趣旨、活動の状況などについて説明を受けた。また、総務省の地域力創造モデル事業に関連して、今後の活動における大学生との交流の展望などについて意見交換した。高齢化と過疎化の進行に対して、若者たちが訪れ、活動する場となってほしいとの強い思いが感じられた。そこで、前述した秋穫際に、生活心理学科の著者らゼミの学生が「協力隊」として参加し、スィートデ

図表9-3　秋穫祭での出店

図表9-4　大島での新入生研修

コづくり体験の提供、子供向けゲームの進行、米や地元産野菜・魚介類の販売などに協力した。

　これを機に、生活心理学科の学生は、毎年、秋穫祭に参加し、スィートデコづくりを提供している。2015（平成27）年には、地域の皆さんと一緒に、お餅を丸め、ママカリ寿司を握った。2016（平成28）年には本学大学祭で好評であった「揚げもち」を、2017（平成29）年には「ひら天まん」を、2018（平成30）年には「きんぴらかりんとう」を続々と販売するなど新たな活動も加え、2019（令和元）年まで継続している（図表9-3）。

　秋穫祭は3世代交流の場として位置づけられているが、大学生という新たな世代の加入は、若い夫婦と子どもの参加を促すことになり、秋穫祭を活気づける一つの要因になったと思われる。また、大島まちづくり協議会の運営、実践は極めてパワフルであり、学生たちから見れば祖父母年代であると思われる方々との協働は大きな刺激となった。

　2015（平成27）年4月4日、新入生のオリエンテーションの一環で、学生間および教員との間の親睦を深めるとともに、地域の皆さんとの交流や、まちづくりの実際にふれることを目的とした新入生研修で「大島海の見える家」を訪れた（図表9-4）。大島の伝統芸能である「傘踊り」で歓迎していただき、その後、大島まちづくり協議会の取り組みについて説明していただいた。昼食は、ままかり寿司に豚汁、ぶんずぜんざいを美味しく頂いた。午後は、自由行動で「大島海の見える家」周辺の名勝を散策した。

　研修後の学生のレポートを見ると、多くの学生が大島の皆さんとコミュニ

ケーションをとれたことがわかった。また、学生自身の出身地に置きかえて考えるなど、自分自身の問題として捉えることができたようであり、地域社会の問題に継続して取り組む姿勢が芽生えるきっかけになったと思われる。一方で、「機会があれば取り組む」との声が多く、現時点では受け身であることは否めない。山陽学園大学とNPO法人大島まちづくり協議会が協力して、学生にまちづくりに参加する機会を与えつつ、自律的かつ積極的に行動できるように育成していくことが今後の課題である。

第7節　連携協力協定を締結

2015（平成27）年7月3日、山陽学園大学とNPO法人大島まちづくり協議会は、大島地区の課題解決に向けた連携協力協定を締結した（図表9-5）。協議会にとっては、地域の課題に対処するために大学が持つノウハウや若い力を借りるのが狙いであり、地元住民と学生の交流による"相乗効果"を目指そうとしている。また、大学にとっては、

図表9-5　協定締結式の様子

講義で学んだ知識や理論を実際の地域社会で活かす実践の場と位置付け、学生に、地域の皆さんとのコミュニケーションを通じて、実際のまちづくりにふれ、自分に何ができるのか考えて欲しいとしている。調印式に先立ち、6月下旬には耕作放棄地復活事業の一環として、水田10aで田植えを実施し、学生6人が協議会メンバーに教わりながら、田植え機や手で苗を植えた。大島会長は、「地域の現状に住民は危機感を抱いている。学生の元気や感性を柔軟に吸収し、先進的な例になるような協定にしたい」と話した。

山陽学園大学との連携事業は、2014（平成26）年度、総務省の「地方創生実証事業」において実施した調査研究を実証する事業として、備中県民局協働

図表9-6　いきいきサロンシンポジウム

事業提案募集採択事業の「ささえ愛・助け合い・分かち合い・笑顔のびっちゅうサポート事業」に採択された。その一環として、2015（平成27）年10月12日、「いきいきサロンシンポジウム IN 大島」が開催され、基調講演で筆者（隈元）が「いきいきとこころ豊かに暮らすために―3世代交流からコミュニティ再構築を目指して―」というタイトルで講演を行った（図表9-6）。演台に立つと、子ども連れの若い夫婦が多く来場されているのが目に入り、いつもとは違う雰囲気に戸惑いながらも、感謝の気持ちでいっぱいになった。講演では、まず、人のライフスタイルの多様性と共通性について解説し、世代を越えて互いに相手を理解するためには、それぞれの世代が生まれ育ってきた時代背景を知り、どのように考え方が形成されてきたかを理解しなければならないことを強調した。また、内閣府の調査結果を示しながら、人と人とのつながりは精神的な安らぎをもたらし、生活満足度を高めることを紹介した。最後に、「大島海の見える家」で開催されているいきいきサロン等を最大限利用し、好奇心や探求心を持って生きがいを見出し、世代を越えた人と人とのつながりを持って、こころ豊かな生活を実現しましょうと締めくくった。

　基調講演に続いて、古川先生をコーディネーターにパネルディスカッションが行われた。住民発表などを交えながら高齢者中心のサロン活動やイベントを活かした地域活性化などについて意見交換がなされた。サロンについてはパネリストの山陽学園大学非常勤講師の柳田元継先生から、「高齢者が囲碁などの遊びを教えることで、高齢者は元気になり、子どもたちは新しいことを学べる」といった意見が出され、子どもや親にも呼びかけ、地域に根差した活動にしていくことを申し合わせた。このようなイベントは「3世代が集まることで、次の世代につなげていくことが重要」とし、様々な世代を巻き込んで積極的に開催することを決めた。

第8節　歴史サミットの開催

　観光振興と地域活性化事業の一環として、2012（平成24）年度に「大島歴史散歩史跡MAP」を作成し発行した。2013（平成25）年度には、公益財団法人福武教育文化振興財団助成金の支援を受け、『大島歴史散歩』冊子を発行し、2014（平成26）年度には『大島伝説・昔話』冊子を発行した。2015（平成27）年度には観光案内用のMAPの作成を行った。いきいきサロンでは、藤井茂氏による「歴史散歩」の内容に関する講義も行われた。

　こうした事業の集大成記念として、2016（平成28）年1月24日、「大島歴史サミット」が大島中学校の体育館で開催された（図表9-7）。基調講演では、本学副学長、林原美術館館長、前岡山市オリエント美術館館長の谷一尚先生が「大島歴史入門『原田直次郎の生涯』」というタイトルで講演した。原田家は、戦国時代の鴨山城主の細川通董に仕え、直次郎の父の一道は笠岡市西大島出身である。直次郎はドイツで西洋ロマン主義の絵画を学び、帰国後は「明治美術会」の中心メンバーとして活躍した。ドイツで出会った作家の森鴎外と親交を深め、鴎外の小説「うたかたの記」のモデルとなったとされる。「直次郎の留学中の様子は鴎外の文書に良く記されている」と述べ、「靴屋の阿爺」や「騎竜観音」（ともに国の重要文化財）などの代表作が紹介された。また、「帰国後の日本で盛んだった国粋主義運動に対抗し、迫力ある表現の歴史画や宗教

図表9-7　歴史サミットのパンフレット

図表9-8　林原美術館前で集合写真

画を残した」とした上で、「日本洋画のロマン主義で、ほぼ唯一の担い手だった。もっと画業が注目されるべき」と強調された。基調講演の後、「大島海の見える家」に場を移し、市内の歴史研究団体などが集まり、座談会「歴史に学ぶ文化と観光」が開かれ、文化と観光を活かしたまちづくりを行っていくことが話し合われた。

さらに 2016（平成 28）年 6 月 19 日、「郷土が生んだ天才洋画家『直次郎』の絵画鑑賞ツアー」を催行した（図表9-8）。参加者は約 70 名で、本学副学長の谷一先生が案内した。岡山県立美術館にて「日本近代洋画の礎を築いた画家、原田直次郎展〜西洋画はますます奨励すべし〜およそ 100 年ぶりの回顧展」をまず鑑賞し、林原美術館、オリエント美術館を巡り、芸術の醍醐味にふれた。参加された皆さんは、「原田直次郎展」の騎龍観音（272×181cm 国指定重要文化財）の、パンフレットでは味わえない本物の作品ならではの重厚感、色あいに圧倒され感動していた様子だった。参加者の一人は、「これだけの作品を描く芸術家が、地元大島の出身であることを誇らしく思い、ますます大島に愛着を持った」と述べており、地域の歴史や文化を学ぶことが、いかにまちづくりに重要か再認識することとなった。

第9節　地域特産品"大島バーガー"が笠岡ブランドになるまで

山陽学園大学と NPO 法人大島まちづくり協議会が協働して、新たな特産品の開発に取り組むことになった。2015（平成 27）年 2 月、筆者（藤井）の食物ゼミは、大島において前年の秋穫祭で販売されていた米、野菜、果実、魚加工品などの嗜好や利用法について、大島まちづくり協議会スタッフに聞き取り調査を行った。そのなかで、米は、耕作放棄地に自ら水路を引いて田を作り、そこで栽培した、まさに手塩に掛けたものであること、また、親芋は未利用の

まま畑に放置されていることなどの話が印象的であった。そこで、そのほかの情報も併せて考慮し、地域食材を若者の嗜好に合うように活用するという方向性で、大島の米を活かした米粉パン、親芋やれんこんのレシピ開発に取り組んだ。

同様に、2016（平成28）年2月、大島の漁港で水揚げされる魚介類の調理法や、子ども世代・孫世代の嗜好について聞き取りを行った。その結果、世代により嗜好に差がみられ、若年層では煮魚が敬遠され、ムニエルや揚げ物が好まれる意見が多く聞かれた。そこで、大学生を対象に魚の嗜好および摂取状況をアンケート調査したところ、約8割が魚を好み、今よりも摂取頻度の増加を望んでいることが明らかになった[3]。これらの結果を受け、若年層の嗜好に合うバーガーを特産品として共同開発することとなった。バーガーのパン（通称バンズ）については、大学において大島の米を活かしたいという想いから米粉バンズの試作や、米粉の調達、米の製粉方法の検討を繰り返した。

2016（平成28）年8月と9月に、「大島海の見える家」において米粉バンズを製作し、大島の正頭漁港で獲れたガラエビや小魚類、地元野菜などを素材として様々な組み合わせの揚げ物を、大島まちづくり協議会調理スタッフと学生、教員で共同試作し、数種類の葉野菜との組み合わせについても検討を行った。各具材と十数種類のソースとのマッチングについて食味評価と分析を行い、最終的に「えびカツ＋レモン風味タルタルソース」と「かき揚げ＋オーロラチリソース」の2種のバーガー案をまとめた。この試作会には関係者もあわせると数十名が集まり、非常に盛んな意見交換が行われ、地域の皆さんや学生から「本当に楽しかった」との感想が多数聞かれた。

「大島海の見える家」での一般販売に先駆け、2016（平成28）年11月の秋穫祭において先行販売することとなり、その直前に大学において大島まちづくり協議会調理スタッフへ米粉バンズの製作講習を行った。米粉バンズは当初、米粉と粉末グルテンを使用する案であったが、現地での調理条件を考慮して米粉と小麦粉を使用するレシピに変更し、調整を行った。秋穫祭での先行販売は大成功で、短時間で完売し、好評を得ることができ、一般販売に自信が持てる結果となった。

図表 9-9　完成した大島バーガー

そして、満を持して 2017（平成29）年 1 月から「大島海の見える家」で、毎週土曜日に「大島バーガー」の販売が開始された（図表9-9）。地域特産品開発の当初からかかわり、生活心理学科の学生たちが数年にわたり大島に足を運び、大島の食材や食文化について学び、大島まちづくり協議会の皆さんと共に開発した「大島バーガー」の一般販売開始は感慨深いものであった。販売開始前後から各種メディアにも取り上げられ、山陽新聞全県版、中国新聞井笠版などに取り上げられ、また地元の笠岡放送ゆめネットニュースには学生と教員も出演し、大島バーガーに込めた思いや大島まちづくり協議会の方々との温かい人間関係について語った。

　2017（平成 29）年秋からは、「大島バーガー」は、大島を飛び出し、他の地域の各種イベントや山陽学園大学の大学祭などでも出張販売が行われ、いずれの会場でも短時間で完売し、高い評価をいただいている。口コミだけでなく、食べてくださったお客様が写真と感想を SNS 上にあげてくださり、徐々に知名度が上がっていくのが目に見えるようになった。本当に感謝の気持ちでいっぱいである。そして、とうとう、こうした実績が認められて、2020（令和 2）年 4 月、「大島バーガー」は「笠岡ブランド」として笠岡市から認定された。これまでの努力が結実した瞬間であった。

第 10 節　マリンピア大島体験ツアー協議会による渚泊事業

　大島地区は瀬戸内海国立公園に面した風光明媚な漁村であるが、近年、若者の多くが都市圏に流出し、過疎高齢化が急進するとともに、空き家も増加している。主産業の漁業は、漁場環境の変化や後継者不足などにより漁獲高が減少し続けている。これまでにも、小学生向けの定置網漁の体験学習や、児童および保護者への魚料理指導などに取り組んできたが、漁業の 6 次産業化による地

域活性化や、未活用になっている観光資源の活用、農泊・民泊などの受け入れ態勢の整備など課題が山積している。そこで、2017（平成29）年度より、農林水産省の農山漁村振興対策交付金により渚泊推進対策として、「マリンピア大島体験ツアー事業」に取り組むことになった。事業主体はマリンピア大島体験ツアー協議会で、笠岡市と大島美の浜漁業協同組合、NPO法人大島まちづくり協議会から構成されている。事業の一環としてワークショップを開催し、大島の魅力を大島の住民で発見、発表し、ざっくばらんに意見交換を行い、事業を盛り上げてきた。

　そして、2018（平成30）年3月4日に、渚泊施設の「マリエさんの家」お披露目となった大島体験ツアー交流会が大々的にとり行われた。当日は、この3月で閉校が決まっている大島東小学校で開会式が行われ、上空からドローンを使って記念撮影が行われた。続いて、「マリエさんの家」のお披露目会があり、生活心理学科の学生たちが、数年にわたり特産品開発を行ってきたレシピ（図表9-10）の中から、「親芋黒ごまプリン＋きんかん甘煮」と「親芋と玄米粉のクレープ＋ぶんずあん」の2品をコーヒーとともに「大島おやつ」として訪れた皆さんに提供した（図表9-11）。地域に当たり前のようにあって、地域の皆さんには見向きもされなかった食材を、若い大学生が再発見し利用していく光景は非常に興味深く、異なる感性が加わることで起きた現象のひとつとして捉えることができよう。まさに、これが大学と地域が連携する意義の一つといえるのではないだろうか。

　そして、大島海の見える家では、大島郷土料理試食会も開催された。また、

図表9-10　考案された数々の地域特産品レシピ

1.　大島バーガー（エビカツ・かき揚げ）	8.　大島のびわを使ったびわカレー
2.　岡山の魚ひらを使ったひら天まん	9.　大島の枇杷やヤマモモのスムージー
3.　れんこんピザ	10.　枇杷やヤマモモの焼酎付のパウンドケーキ
4.　親芋生地のたこ焼き	
5.　温たまげた丼＋えんがわ空揚げ	11.　笠岡レモン入りのフルーツかりんとう
6.　干しアミ入りお焼き	12.　きんぴらかりんとう
7.　親芋クリームコロッケ	13.　玄米粉＆親芋のクレープ

図表 9-11　大島おやつ

（左：親芋黒ごまプリン＋きんかん甘煮、右：親芋と玄米粉のクレープ）

大島美の浜漁協では「定置網体験」、工房の家「えびすや」では竹細工やクラフト教室が開かれた。この交流会により、「渚泊」への地域の合意が形成され、都市圏の観光客が誘致され、大島地域が活性化するきっかけにしていきたいと考えている。

第 11 節　おわりに

　本章を執筆するにあたり、最近、NPO 法人大島まちづくり協議会の初代会長の大島夫妻に会う機会があり、コーヒーを飲みながら、昔話に花を咲かせた。新入生研修では大型観光バス数台で大島を訪れたが、そんなことは大島はじまって以来の一大事であったことや、田んぼに立つ若い人の姿を見たのは久しかったので、仕事の途中であったが思わず車を降りて声をかけたことなど、時間を忘れて楽しいひと時を過ごした。帰りの車の中で、夫妻の笑顔を思い出し、「良かった」と思うとともに幸せな気持ちになれた。決して話が面白かっただけでそうした気分になったわけではない。共に大島のまちづくりに取り組んだご夫妻がお元気で笑顔を見せてくれたことが幸せなのだ。現協議会の会長である浅野ツヤ子さんは、みなさんの笑顔が見られるから頑張れるとおっしゃっている。おそらく今日も、大島バーガーのためのガラエビの殻をむいているに違いない。

　最初に、「相手のことを知る」ことが重要であると述べたが、大島の皆さんとの交流を通じて、まちづくりに対する想いを知ることでき、自ら行動を起こすモチベーションが生まれる。そして、同じ目標に立ち向かう経験が「共感」を生み出す。この共感こそが、まちづくりの本質である人づくり、人と人との関係づくりに必要不可欠であると考えられる。山陽学園大学とNPO法人大島まちづくり協議会との大島まちづくりの協働は成功したのであろうか。それは共感の上に成り立つ笑顔の数で決まるのかもしれない。

注
1)　大島まちづくり協議会『大島歴史散歩』株式会社創文社、2014、pp.26-27。
2)　笠岡市ホームページ『年齢5歳階級別人口集計表（旧町村単位）』（https://www.city.kasaoka.okayama.jp/uploaded/attachment/4758.pdf）、2020。
3)　藤井久美子「地域食材の有効活用　岡山県南部の魚介」『山陽論叢』25、2018、pp.111-122。

（隈元美貴子・藤井久美子）

第 10 章
伝統的な薄荷栽培の復活

第1節　はじめに

　色とりどりのドロップスの入った缶をひっくり返して、手のひらに一粒ずつ取り出し、口の中に放り込む。子どもの頃、野山や住宅街をひたすら駆け回った後のつかの間の休息時に、友だちと缶入りドロップスを分け合った記憶のある読者も少なからずいるであろう。

　缶の中には、パインやイチゴ、オレンジといった定番の味のドロップスの他に、ハッカ味も紛れ込んでいた。ハッカ味は独特の香りと刺激があったため、好き嫌いが分かれた。ハッカ味が出ると、アタリだと喜ぶ者もいれば、ハズレだと残念がる者もいた。筆者にとって、スーッとする清涼感が得られるハッカ味はアタリだった。

　近年は、毎年夏になると、体に吹き付けたり、部屋の隅に置くことで、虫除け効果が期待され、また、お風呂に入れることで、清涼感や癒やしがもたらされることから、消費者の間で薄荷の利用が生活に浸透しつつある。

　薄荷は、シソ科の多年草であり、ハーブの一種である。薄荷はミントの和名であり、呼称は中国に由来する。ミントは主にペパーミントとスペアミントに分類される。ペパーミントは香りが強く、メントールの含有量が豊富である。一方、スペアミントは香りは強くはないが、甘い香りを放つ。日本在来の薄荷は、和種薄荷やニホンハッカなどと呼ばれ、外国のペパーミントよりもメントールを多く含むのが特徴である。

　薄荷の葉茎には精油が含まれており、水蒸気蒸留により、精油を採取できる。この精油は「取卸油(とりおろしゆ)」と呼ばれる。取卸油を精製することにより、無色のメントールの結晶が得られる。メントールは「薄荷脳(はっかのう)」とも呼ばれる。また、精製された取卸油から薄荷脳を取り除いたものは「薄荷油」と呼ばれ、メントールが少なからず含まれている。

　採油技術が開発されるまで、乾燥した薄荷の葉は生薬として利用されていた。江戸時代には、例えば、「熱病や消化不良に煮汁を服す」「口臭などに茶にして飲む」「眼の痛みやかゆみに葉を乗せる」「たばこにして歯や口内の薬とする」「ハチやヘビの刺し傷、咬み傷に葉を揉んでつける」といった用途があった。また、食用としては、「飴や粉餅に加える」「葉を刻みなますに加える」といった利用法があった（伊藤、2019）。

　その後、採油や精製技術の発展に伴い、薄荷脳の流通や加工を通して、多くの商品が開発されるようになった。用途が多様になるにつれて、薄荷は一般の消費者にとって身近なものとなった。また、国産の薄荷脳と薄荷油は、その品質の高さから、アメリカやヨーロッパ、東南アジアなどに輸出された。

　しかしながら、薄荷がかつて岡山県の特産物の一つだったという事実は、ほとんど知られていない。

第2節　岡山県における薄荷栽培の歴史

　岡山県での薄荷栽培は、江戸時代に、現在の総社市で始まった。1817（文化14）年、備中国後月郡門田村（現総社市門田）の秋山熊太郎が、江戸から十数本の薄荷の種根を持ち帰り、自身の畑の一隅で試作したのがきっかけとされている（篠崎、1919）。秋山は、毎年5畝（約5a）前後の畑で薄荷を栽培し、取卸油に焼酎を混合して、岡山、尾道、広島方面の菓子屋に行商に出掛けていた。また、薄荷の栽培と取卸油製造の方法を秘密にし、独占事業にすることで、「門田の薄荷屋」と呼ばれ、大きな利益を上げた（土岐、2008）。1886（明治19）年には、1町3反（約1.3ha）まで、薄荷の栽培面積を拡大させた。その頃には、秋山家の種根が県下各郡に配布され、とくに、邑久郡、小田郡、吉

備郡で大規模に栽培された。取卸油は、小田郡を筆頭に、後月郡、邑久郡で多く産出された（篠崎、1919）。

　薄荷栽培は岡山県内にとどまらず、広島県、新潟県、山形県にも産地が拡大していった。1891（明治 24）年に北海道での栽培が成功し、その後、北見市が大規模な産地となった。この背景には、アメリカ等におけるメントール需要の増大があった。北海道産の薄荷は、主に横浜と神戸から輸出された。

　当時、薄荷は価格変動が激しく、投機的な取引が行われていた。とくに北海道では、薄荷商があまりにも安く買い叩いたため、農家との間でトラブルが頻発し、安定的な買い付けと共同販売を望む声が高まった。これを受け、1933（昭和 8）年には、ホクレンによって北見薄荷工場が建設され、農家が蒸留した取卸油を集め、精製されるようになった。1939（昭和 14）年には、全道で作付面積 2 万 ha、取卸油 700t 以上を生産し、薄荷脳、薄荷油合わせて 336 万 t が輸出され、国際市場の 7 割を占めるに至った（伊藤、2019）。

　全国では、薄荷は最盛期に 2 万 2 千 ha 以上作付けられていた（中山ら、1971）。取卸油は年間 800t 生産され、日本は世界最大の薄荷生産国であった。岡山県の薄荷の栽培面積は、最盛期の 1926（大正 15）年に、約 2,365ha となっていた（井上、1952）。2018（平成 30）年度の岡山県のぶどうとももの結果樹面積（栽培面積のうち収穫可能な樹の植栽面積のこと）は、それぞれ 1,130ha、628ha であることから（平成 30 年産果樹生産出荷統計）、当時の岡山県で、薄荷がいかに大規模に栽培されていたかがわかる。岡山県と広島県（備前、備中、備後）の薄荷は「三備物」や「三備薄荷」と呼ばれ、国際天然薄荷市場における最高級品であったとされている（中山ら、1971）。

　しかし、やがて日本は第二次世界大戦（1939 ～ 1945（昭和 14 ～ 20）年）に突入する。戦時中は、食料増産のため、嗜好品である薄荷は作付制限を強いられ、輸出も止められた。

　戦後の 1946（昭和 21）年には、岡山県の薄荷栽培面積は約 2.3ha にまで減少していた。戦後も、アメリカやインドからの薄荷脳に対する需要は旺盛であり、高い価格が維持された。このため、換金作物としての農家の関心は高く、岡山県の栽培面積は、1951（昭和 26）年には 430ha、1955（昭和 30）年には

920ha、1962（昭和 37）年には 1,100ha にまで回復し、北海道に次ぐ国内第 2
位を保った。

　しかしながら、戦時中に栽培が始まったブラジル産薄荷の取卸油が国際市場
での地位を築くとともに、合成化学技術の進歩により、合成メントールが登場
し、国産の取卸油は価格が低迷していった。さらに、瀬戸内工業地域の発展に
より、農業労働力が第二次、第三次産業に急速に流出したことが追い打ちをか
け、岡山県の薄荷栽培は衰退していった。

　昭和に入ってからの岡山県の薄荷栽培は農業試験場によって支えられた。
1936（昭和 11）年に、農林省指定薄荷試験地が倉敷市に設置され、その後の
県への移管や名称変更等を経て、1957（昭和 32）年、岡山県立農業試験場倉
敷はっか分場となった。

　倉敷はっか分場および本場では、暖地薄荷の育種、栽培、および、精油に関
する一連の試験研究が行われた。暖地薄荷における品種改良の主な目標は薄荷
脳の多収に置かれ、薄荷油は副産物であるとして、あまり注目されてこなかっ
た。しかしながら、1962（昭和 37）年に外国産取卸油の輸入が許可され、合
成メントールの大量生産体制が確立されたことから、外国産取卸油や合成メン
トールとの競合を避け、香りの高さで差別化することを目標に新品種が育成さ
れることになった（中山ら、1970）。

　倉敷はっか分場では、「三美」「はくび（博美）」「りょくび（緑美）」「しゅうび
（秀美）」といった優良品種が選出・育成された。いずれの品種名にも「び（美）」
の文字が含まれているのは、「吉備国」の「備」にちなんだものである（中山ら、
1971）。これら 4 品種が、岡山県奨励品種に採用され、県内の農家に普及した。

　しかしながら、その後、国際市場での地位を再び取り戻すことはなく、
1968（昭和 43）年には、倉敷はっか分場が本場に統合されるとともに、岡山
県の薄荷栽培は完全に消滅した。また、北海道の薄荷栽培も衰退し、北見薄荷
工場は 1983（昭和 58）年に閉鎖された。これにより、日本における薄荷栽培
はほぼ消滅した。

　ところが、近年、北海道滝上町をはじめとして、薄荷栽培の復活に取り組む
地域が現れてきている。次の節では、岡山県における取組みについて、とくに

矢掛ハッカ普及会のこれまでの地域づくりの活動を紹介する。

第3節　薄荷による地域づくり

1　町の将来

　岡山県小田郡矢掛町に、薄荷による町おこしに取り組む任意団体「矢掛ハッカ普及会」がある。同会の代表を務める渡邉真さんの本業は、地元ケーブルテレビ局の社長である。事業が軌道に乗り、加入世帯率は約85％に達した。その一方で、将来的には町の人口減少は進み、加入世帯数も減少していくことが予想された。世帯数の減少に歯止めをかけるには、矢掛町を魅力のある町にしていく必要がある。他の地域ではやっていない、何か面白い取組みができないかと、渡邉さんは考えていた。

2　幻の薄荷

　小学生の頃、よく近所の川でカエルやアユ、ウナギなどを捕まえて遊んでいた。土手に寝転がると、香りの良い草があった。「ええ香りがするけど、何じゃろかな？」と疑問に思っていると、一緒に遊んでいた農家の息子が「こりゃあ薄荷じゃ。ウチでも作りょうたんじゃ」と答えた。それ以来、河川敷に薄荷が生えていることが、渡邉さんの頭の片隅に残っていた。

　2010（平成22）年秋、町内に自生している薄荷が、町おこしに使えないだろうかと、渡邉さんは考えた。地元の新聞のコラムで、かつて岡山県が北海道に次ぐ薄荷の産地だったという歴史を知ったことがきっかけだった。すぐに薄荷について調べ始めた。

　渡邉さんが、薄荷の自生する河川敷を観察していると、近所の方が何をしいるのか聞いてきた。「ここに薄荷があるのをご存知ですか？」と尋ねてみると、「ああ知ってますよ。毎年この時期になるとええ香りがするもんで、今年も薄荷が咲いとるなぁと思うて見とったんじゃ」という答えが返ってきた。約40年もの間、この地に自生し続ける薄荷が地元の方々に意識されていること

を知った。しかし、薄荷の品種等、詳しいことを知る者はいなかった。地元の方々の思い出となった「幻の薄荷」で町おこしができるかもしれない。期待に胸が高鳴った。このとき、薄荷に関する徹底的な調査を始めることにした。

調査を進めるうちに、矢掛町史の中から、1912（大正元）年には、町内で薄荷が栽培されていたという記録が見つかった。さらに資料を詳しく調べていくと、倉敷はっか分場で品種改良された「はくび」「りょくび」「しゅうび」が、矢掛町で栽培されていたという記録が出てきた。河川敷に自生する薄荷はどの品種だろうか。品種を同定するために、岡山県工業技術センターに成分分析を依頼した。分析の結果、メンソフランが検出された。これは、西洋薄荷に特有の成分であり、和種薄荷には含まれない。成分分析の一方で、花の咲き方に注目した。西洋薄荷が稲穂のように茎の先に花を付けるのに対して、和種薄荷は茎と葉のつけ根に輪のように花を付ける。河川敷の薄荷が咲かせる花は、和種薄荷の特徴を持っていた。容姿が日本の品種で、成分が西洋の品種ということになる。この薄荷は日本の薄荷だろうか、西洋の薄荷だろうか。

文献を読み漁ると、河川敷の薄荷は、かつて倉敷はっか分場で品種改良された「しゅうび」の特徴に酷似していることがわかった。「しゅうび」は、1964（昭和39）年に「ミッチャム種」倍数体を母、「三美」を父として交配され、1970（昭和45）年に「はっか農林8号」として登録された品種である。母として用いられた「ミッチャム種」は、イギリスのミッチャム地方で栽培されていたペパーミントの一品種であり、和種薄荷と比較して香りが良いという特徴を持っていた。「しゅうび」は、「脱脳油の香味は抜群であり、在来種の欠点とされた青草臭は全くなく、佳良な特徴のある香味は、在来種の利用面に加うるに更に独自の用途を開拓できるのではないかと期待される」（中山ら、1970）と記されるように、香りの良さを「ミッチャム種」から受け継ぐことにより、外国産取卸油および化学合成メントールとの競争に、和種薄荷として対抗するために開発された。すなわち、香りの良い薄荷として消費者にアピールすることを目的に開発された品種だった。ようやく、河川敷に自生する「幻の薄荷」の正体を突き止めることができた。

この薄荷を町おこしに使うためには、印象的な名前が必要だと考えた。薄荷

が中国から伝来した説があることと、矢掛町が遣唐使「吉備真備<ruby>きびのまきび</ruby>」ゆかりの地であること、また、「しゅうび」の系統で、美しい緑色の容姿から着想を得て、「真美緑<ruby>しんびみどり</ruby>」という名称が決まった。

　「幻の薄荷」で町おこしするためには、商品開発が必要となる。しかし、まずは、河川敷に自生する薄荷の品質を確かなものとするとともに、計画的に栽培しなければならない。渡邉さんには本業があったため、町内の農家に栽培してもらうことにした。

3　薄荷栽培

　薄荷の栽培を担ってもらう農家は、簡単には見つからなかった。ある日、町内に薄荷を栽培している農家がいるという噂を耳にした。さっそく畑に行ってみた。その農家は、昔を懐かしみ、JAに頼んで種根を入手して、数年前から薄荷を栽培していた。畑を見た渡邉さんは、栽培されている薄荷の葉がスペアミント系であることに気づいた。薄荷について丹念に調査していたため豊富な知識が身についていた。薄荷の葉を手に取り、香りを嗅いでみると、まさにスペアミントだった。このことを農家の方に告げると、「じゃろう。昔わしらが栽培しようた薄荷とは匂いが違うんじゃ。昔の薄荷はなかなかおらんのんじゃ」と農家の方も違いには気づいていた。

　そこで、農家の方を薄荷の自生地に案内した。自生する薄荷の匂いを嗅いでもらうと、「おお、これじゃこれじゃ。わしらが栽培しようたのはこの匂いじゃ」と興奮され、すぐに栽培を引き受けてもらえることになった。それまで畑で栽培していた薄荷は、北海道で育成され、1982（昭和57）年に「はっか農林11号」として品種登録された「ほくと」であることが、後にわかった。「ほくと」は元をたどると、岡山県の品種「三美」に行き着き、スペアミントと交配して育成された「わせなみ」の人為同質倍数体を母に持っていた（木村ら、1996）。渡邉さんの洞察は鋭かった。

　渡邉さんによる熱心な働きかけに、もう1軒の農家も賛同した。この農家は、薄荷栽培によって、10年以上耕作放棄地となっていた畑でようやく耕作できると考えた。いずれの農家も、親世代が薄荷を栽培していた。かつて薄荷

を栽培していた農家2軒の子息が栽培を引き受けてくれたことは心強かった。このとき、矢掛ハッカ普及会のメンバーが揃った。

渡邉さんは、できるだけ良質な薄荷の株を選別しようと、ホタルやカワセミが生息するきれいな川を選び、その中でも特に香りの良いもの、爽やかな香りのするものを厳選した。約2aの畑に移植し、「幻の薄荷」の栽培が始まった。

これまで、渡邉さんは、成分分析の結果を信用していたものの、「しゅうび」の子孫であることについて一抹の不安が残っていた。文献によると「しゅうび」は茎が赤いはずであるにもかかわらず、河川敷に自生する薄荷は茎が緑色だったためである。いざ畑に移植してみると、この不安が一気に払拭された。畑に移植した薄荷の茎が赤く変わったのである。どうやら、土壌中の水素イオン濃度（pH）が、茎の色に影響するようだとわかった。これにより、町内の河川敷に自生する薄荷が「しゅうび」の系統であるということを確信し、町おこしに向けたストーリーが揺るぎないものとなった。

薄荷の栽培方法としては、農薬や化学肥料を使用しないことにこだわった。農薬や化学肥料によって収穫量は高まる。しかし、薄荷の葉をそのまま食材に使うことを考えると、消費者の健康への配慮は軽視できなかった。代わりに、菜種油粕などの植物性有機質肥料が用いられた。これまでに一度だけ、他人に勧められて、動物性肥料を試したことがある。その結果、薄荷の香りが悪くなった。仕方なく薄荷を全部廃棄し、土壌を入れ替えた。この失敗により、植物性有機質肥料へのこだわりは一層強まった。

4　薄荷のお茶

薄荷の生育は順調で、2011（平成23）年7月に最初の収穫期を迎えた。母がミッチャム種であるため、甘い香りが畑を包んでいた。

収穫した葉は、消毒後、水洗いし、風通しの良い倉庫で1週間程度陰干しした。葉の結束作業をしていると、農家の方々は子どものころに親の手伝いをしたことを思い出した。「こうだったかなあ」「ああだったかなあ」と記憶をたどりながら、作業が進められた。

初収穫した薄荷は、健康茶の試作品とすることにし、乾燥した葉が袋詰め

された。その後、爽やかな風味を活かした健康茶は、町内の農産物直売所など
で販売された。農薬と化学肥料を使用しないため、葉には多少の虫食いがあっ
た。しかし、その虫食いも安全・安心であることの証として、消費者にアピー
ルできる。ティーポットを使ったお茶の淹れ方だけでなく、サイフォンを使っ
た淹れ方や蜂蜜を溶かしてジュースとして飲むことも提案された。

　真美緑のお茶のチラシには、「『矢掛の幻の日本ハッカ』の物語」として、薄
荷栽培が復活したストーリーがまとめられている。平易な文章の中に専門用
語も混ぜられ、文献に基づいた、注意深く、正確な記述がなされていた。矢掛
ハッカ普及会の取組みを紹介したホームページも同様であり、専門家にとって
も読み応えのある記述が多く見られる。いずれも渡邉さんが作成している。こ
うした記事に目を留め、関心を示す人がインフルエンサーとなることにより、
活動が広く知れ渡ることを狙いとしている。

　農家からは、「需要が伸びれば作付けの拡大も検討したい」と新商品開発へ
の期待が寄せられた。翌2012（平成24）年には、作付面積を4倍の8aに拡
大した。県内の百貨店やスーパーに売り込みを行った結果、取り扱いを始め
る店舗が徐々に増えていった。同時に、町内外の専門店や食品加工業者と組ん
で、新商品を開発することで、新規需要を開拓した。

5　新商品開発

　初収穫した年、お茶以外に、薄荷を使った加工品の商品開発にも乗り出し
た。隣接する総社市の酒造会社ヨイキゲンとの共同開発である。同社は2004（平
成16）年から薄荷を約0.5aの畑で栽培し、2006（平成18）年に薄荷を使った
焼酎を商品化していた。栽培する薄荷の種根は長野県のハーブ園から仕入れた
ものだった。しかし、薄荷の生育不良により、2009（平成21）年にはこの焼
酎の製造を中止していた。矢掛ハッカ普及会が、酒造のノウハウを持つ同社に
焼酎の製造販売を打診したところ、矢掛町産の薄荷を使った米焼酎「未知夢」
の商品化が決まった。「未知夢」という名称は、真美緑の母の出身地、ミッチャ
ム地方から来ている。さらに、製造方法を見直し、抽出する成分を抑えてすっ
きりとした味わいに仕上げる従来の減圧蒸留に代えて、香りを最大限に引き出

す常圧蒸留を採用することにした。これにより雑味が減り、真美緑の甘い香り
が際立つおいしい焼酎が完成した。

　2012（平成24）年には、同社の企画により、サイダー「未知夢」が商品化
された。薄荷のスーッとする風味と炭酸のサッパリとした喉越しが売りであ
る。製造は大阪の食品加工業者に委託した。初期のサイダーは王冠で栓をされ
たため、開封すると一度に飲み干さなければならなかった。また、味を濃くし
ていたため、1本の瓶を3人くらいで飲む必要があった。こうした問題点を改
善するため、スクリューキャップに変更するとともに、濃さを従来の半分に抑
えることで、飲みやすいサイダーが仕上がった。

　サイダーは味が良く、周囲の評判も良好であったが、あまり売れなかった。
というのも、7月から8月にかけて収穫した薄荷を加工業者に送ると、出来上
がった商品の納品が8月末になったためである。賞味期限まで9ヶ月しか残さ
れていないことから、夏に需要のあるサイダーを季節外れの時期に売らなけれ
ばならなかった。このため、大量に余ってしまった。こうした問題を克服する
ためには、一年前に収穫した薄荷を保管しておき、ゴールデンウィーク頃から
サイダーを販売できるように加工業者に製造を委託するのが理想である。しか
し、加工業者あっての商品には、なかなか思い通りにいかないことがある。加
工業者が求める最小ロット数が大きいことも、サイダーの製造を続ける上での
課題となっている。

　同じく2012年、地元の老舗手焼きせんべい店「ぽっこう堂」との共同開発
により、新商品が誕生した。同店創業当初から販売されている「塩せんべい」
に薄荷を混ぜ込んだ「ハッカ真美緑せんべい」である。また2013（平成25）
年には、岡山市内の複数のバーで、夏にぴったりのカクテル「モヒート」に薄
荷を使ったメニューが登場した。矢掛町の薄荷の知名度を高めるためには、消
費者をターゲットとした商品開発だけでなく、安定した需要のある業務用の販
路開拓も重要となった。

　2014（平成26）年には、ハッカ飴「未知夢」が商品化された。飴は希少糖
入りと希少糖なしの2種類が販売された。香川県で開発された希少糖は、食
後の血糖値抑制に効果があるとされている。製造は、広島県福山市の製菓業者

に委託した。イベント等の試食で飴を提供した際、糖分の摂取がダメな消費者の声を聞いたことをきっかけに、甘味料として希少糖を使用した商品をラインナップに含めることにした。また、無農薬・無化学肥料で栽培された薄荷とともに、希少糖によって、健康志向の消費者にアピールすることも狙った。福山市の製菓業者の高齢化に伴い、2019（令和元）年からは静岡県の製菓業者に飴の製造を委託することになった。

　さらに、2015（平成 27）年、岡山県真庭市のジャージー牛酪農家でつくる有限会社醍醐桜との共同開発により、ハッカジェラートが生まれた。薄荷を蒸留した取卸油と粉砕した薄荷葉を真庭産ジャージー乳に混ぜ込むことにより、バリエーションに富んだ商品を展開している。

　薄荷は加工しない葉のままだと用途が限られる。新商品開発のためには、薄荷を蒸留して油を抽出する必要があった。そこで、2013（平成 25）年に、ケーブルテレビ局の片隅に蒸留器を導入した。町内にはかつて農家が使用していた蒸留釜が今も残っており、当時の農家がやっていたことを復活させたいという思いもあった。渡邉さんは大学時代に化学を専攻していたため、蒸留に関する専門知識は持っていた。

　また、商品開発に欠かせないことは、良い加工業者との出会いである。加工業者には、わがままを聞いてもらい、満足のいくまで改良を重ね、最終的に思い通りの味を実現してもらう。町内で栽培された良質な薄荷の香りを消費者に届けるためには、妥協は許されない。一方、加工業者にも生活がかかっているため、儲からない話には乗らない。お互いに真剣勝負である。原材料の生産量が少ないと、交渉力において弱い立場に立たされる。「商品化の秘訣は加工業者。良い加工業者を見つけたら成功する。商品化のアイデアだけでは成功しない」と渡邉さんは力説する。

6　薄荷を観光資源に

　矢掛町は、2009（平成 21）年に、矢掛町ブランド認定委員会を設立し、矢掛町ブランド事業を創設した。2012（平成 24）年に真美緑のお茶、ハッカ真美緑せんべい、2014（平成 26）年にハッカ飴「未知夢」、2017（平成 29）年

にハッカジェラートなどが、矢掛町ブランドに認定された。矢掛町ブランドに認定されることで、町や県のイベントで優先的に販売される機会が得られる。ブランドを確かなものとするとともに、安定した販路の確保や観光客への PR に、町の力を借りることができるようになった。

　当初は、開発した商品を県外に積極的に売り込んでいた。その一方で、2014（平成 26）年に古民家再生事業の一環としてオープンした「やかげ町交流館」で、観光客向けのお土産として販売された薄荷の商品の評判がよかった。そこで、県外に販路を開拓するのではなく、矢掛町に来て薄荷の町の魅力を楽しんでもらおうと考えるようになった。渡邉さんが幼少期を過ごした鳥取県境港市は、「ゲゲゲの鬼太郎」の作者である水木しげるの出身地である。同市では妖怪による町おこしが成功していた。妖怪を通して観光客を迎える体制を整えることにより、観光客の増加とともに、新しい店舗も増え、地域に活気が取り戻されていた。この成功事例を参考にできないかと考えていた。

　2015（平成 27）年 2 月、矢掛ハッカ普及会が第 5 回地域再生大賞の優秀賞を受賞した。同賞は、全国 45 の地方新聞社と共同通信社が地域活性化に取り組む団体を応援するために設けられた表彰制度である。この受賞により、これまでの一連の活動に目に見える形での評価が得られた。その後の普及会の活動の幅は、さらなる広がりをみせることになった。

　矢掛町は、江戸時代に旧山陽道の宿場町のひとつとして栄えた地域である。旧山陽道は、西国大名の参勤交代に利用された街道の一部であり、街道沿いには今も古い町並みが残る。2015（平成 27）年 3 月、古民家を再生した宿泊施設「矢掛屋」が開業し、敷地内に「矢掛薄荷蒸留所」が開設された（図表 10-1）。

　蒸留所には、蒸留器が 2 台設置されている（図表 10-2）。1 つは以前から使用しているステンレス製の蒸

図表 10-1　矢掛薄荷蒸留所（左）と矢掛屋

図表 10-2 矢掛薄荷蒸留所内の蒸留器

留器で、容量は 36L である。もう 1 つは金色に輝く蒸留器で、このためにポルトガルから取り寄せた。容量が 60L と大きくなっただけでなく、形状の珍しさから観光客の目を引くインパクトを持っている。蒸留所は土曜日と日曜日に開放され、観光客が矢掛町の町並みを散策するついでに、足を止める空間となっている。

　約 3 時間の蒸留で、純度 100％の取卸油がわずか 20mL しか採れない。観光客は薄荷がいかに貴重なものであるかを、ここで目の当たりにする。日曜日の午後に蒸留を行うことが多く、運が良ければ、薄荷の香りを全身に浴びることができる。

　2017（平成 29）年に、町内の農家の方が保管していた約 60 年前の取卸油を引き取った。一升瓶に詰められ、大切に保管されており、腐敗していなかったため、そのまま蒸留所に展示することにした（図表 10-3）。また、2019（令和元）年には、隣接する浅口市の農家から一斗缶に入った 52 年前の取卸油が出てきた（図表 10-4）。取卸油の価格が低迷する中で、値上がりを待ちつつ大切に保管されていたと考えられている。蒸留所はさながら薄荷資料館になりつつある。

図表10-3 約60年前の取卸油（一升瓶）

図表 10-4 52 年前の取卸油（一斗缶）

7 歴史に根ざしたストーリー

2015（平成27）年8月、谷川沿いに薄荷が自生していることを町内の農家から知らされた。渡邉さんが自生地を確認したところ、これまでの薄荷とは異なると直感した。さっそく、岡山県工業技術センターに成分分析を依頼すると、メンチルアセテートが検出されたほか、メントールが90%近く含まれていることがわかった。これは、かつて倉敷はっか分場で品種改良された「はくび」の成分比率とほぼ一致した。この薄荷は「博美人」と命名され、商標登録された。真美緑とは異なり、純粋な和種薄荷であったため、「日本古来の」というキーワードで差別化し、既存商品に新たなラインナップとして加えられた。

渡邉さんの頭の中に、商品開発のアイデアはたくさんある。しかし、そのアイデアを商品として形にし、世に出すまでの試行錯誤が大変だと強調する。試行錯誤の段階を乗り越えることができた商品だけが成功する。50くらいのアイデアがあって、ようやく1つの商品が生み出される。普及会でできない食品加工は、業者に外注するしかない。そうなると、上述のとおり、良い加工業者との出会いが欠かせない。これまでに、チーズケーキなど、業者との交渉を進めてみたものの、商品化に至らなかったものもある。今後は、今ある商品の量産体制をいかに構築していくかが課題となる。売れる商品を作り、普及会のメンバーだけでなく、町全体が潤わなければ、町おこしは成功しない。2021（令和3）年には道の駅のオープンが控えており、転機となるであろう。今後、薄荷が地理的表示（GI）保護制度の対象となり得るか否かを検討することも重要かもしれない。

薄荷栽培は、最初の農家が代替わりを迎え、若手農家2軒が引き継いだ。栽培面積は2軒合わせて、約5aであり、年間数十kgの薄荷を生産している。町内には、まだ薄荷が自生する場所が複数ある。40年以上前にこの地で栽培されていた薄荷の子孫の宝庫である。自生地を保護し、未来にこの自然を伝えていくことの意味を改めてかみしめる。

その一方で、境港市における妖怪による町おこしについて調べていると、岡山県小田郡に「すねこすり」という妖怪の言い伝えがあることを知った。犬

のような容姿という情報を元に、渡邉さん自ら「すねこすり」をデザインし、AR（拡張現実）を利用した iOS 用アプリケーションを開発中である。矢掛町の町並みを歩きながら、観光スポットで「すねこすり」に出会うことができる。iPhone のカメラを向けることで、「すねこすり」と一緒に記念撮影できるよう設計されており、町を訪れた観光客が、楽しみながら SNS 等で町の魅力を発信してくれることを期待する。

　町内に古くから伝わる地域資源を元に、現代の技術を用いてアレンジし、消費者にどのようなアピールができるか。河川敷に自生していた薄荷が、無農薬・無化学肥料で栽培され、根気強く繰り返される蒸留を経て、消費者にホンモノの香りが届けられる。言い伝えとして存在する妖怪も現代に蘇る。町おこしには、コンテクストが重要であると渡邉さんは強調する。コンテクストが歴史に根ざしたストーリーを構成する。そうしたストーリーは人々の心に残る。伝統が新しい産業として生まれ変わってはじめて、町おこしは成功したと言える。

第 4 節　薄荷の復活へ向けた様々な企業・団体による取組み

　岡山県内には、矢掛ハッカ普及会の他にも、かつて岡山県で盛んだった薄荷を復活させるための活動を行う企業・団体が複数存在する。

　倉敷市にある特別養護老人ホーム王慈園は、薄荷を利用者のリラクゼーションに役立てるため、北海道の北見ハッカ記念館が保存していた品種「はくび」「りょくび」「しゅうび」を入手した。園内で少しずつ生育させながら、家庭菜園を楽しむ市民らに配布し、再び県内に薄荷が根付くことが期待されている。

　一方、栽培だけでなく、商品開発に取り組む団体もある。そのひとつが、総社市の NPO 法人総社商店街筋の古民家を活用する会である。同法人は、総社商店街筋や総社市内に残る古民家などの保存および活用を行っており、商店街筋にある旧堀和平邸を人が集まる拠点として整備している。2016（平成 28）年より、堀家ハッカ・プロジェクトに着手し、薄荷を栽培すると同時に、薄荷を使った石けんやミスト等を販売している。また、旧堀和平邸の一角をカフェスペースとして活用し、同プロジェクトにより Hakka cafe が運営されている。カフェ

では、薄荷を使ったランチやケーキ、ドリンクなどを楽しむことができる。

　また、合同会社吉備のくに未来計画は、「倉敷薄荷」というブランドにより、薄荷を使った商品を多数展開している。同社は、矢掛ハッカ普及会とほぼ同時期に、岡山県産の薄荷の復活を目指す取組みを開始した。かつて倉敷はっか分場で育成された品種「しゅうび」を入手し、当該品種の栽培から加工品の販売まで手がける。エッセンシャルオイルやエアーフレッシュナーといったアロマ関連商品などを販売している。

　2018（平成30）年と2019（平成31）年に、総社商店街筋の古民家を活用する会と吉備のくに未来計画のコラボレーションにより、「備中薄荷物語」と命名されたイベントが開催された。同イベントでは、薄荷商品の展示や販売だけでなく、専門家による講演やワークショップなどが行われ、薄荷に関心を持つ人々の交流の場となった。

　さらに、岡山市にある高松農業高等学校では、校内で薄荷を栽培し、お茶やビールなどの商品開発に取り組んでいる（詳細は、「コラム：日本ハッカ復活プロジェクト（178頁）」を参照）。

　このように、当該地域でかつて栄えていた伝統的な農産物の栽培を復活させる取組みは、様々な企業や団体によって行われている。彼らは、地域資源を掘り起こすと同時に、現代の消費者のライフスタイルに合わせた商品開発を模索している。地元で栽培される薄荷の価値が、消費者に受け入れられなければ、薄荷栽培は再び衰退するかもしれない。一方、一定の消費者の心をつかむことができれば、当該地域が再び薄荷の産地として栄える可能性がある。また、こうした取り組みをビジネスチャンスとして捉え、新たな企業や団体が、今後、薄荷ビジネスに参入してくることも考えられる。

　そのとき、どの企業・団体も持続的に活動でき、それぞれが地域全体の活性化に繋がる取り組みになるかどうか。競争しつつも、お互いに切磋琢磨することにより、良質な商品が消費者に提供されるかどうか。地域づくりにおいて、良きライバルが共存していくためには、それぞれの強みや価値を置いているポイントを明確にし、それらを活かした棲み分けが必要であろう。それは、例えば、薄荷の品種へのこだわりかもしれないし、加工品の製造方法へのこだわり

かもしれない。各企業・団体がそれぞれのやり方を追求することにより、消費者に求められる商品を開発していく。それぞれの取組みが相乗効果をもたらせば、「薄荷といえば岡山県」という認識が消費者の間で定着する日はそう遠くないかもしれない。

　本章は JSPS 科研費 JP20K06265 の助成、および、山陽学園大学・短期大学学内研究補助（令和元年度、令和 2 年度）を受けたものです。

参考文献

井上弘「薄荷」農業岡山編集部編『特用作物の知識 — 新しい栽培技術 —』岡山県指導農業協同組合連合会、1952、pp.43-57。

伊藤由起子「国産ハッカの歴史」『aromatopia』28 (3)、2019、pp.10-15。

吉備のくに未来計画「倉敷薄荷」(http://www.kibinokuni.net)

木村正義・古山三郎・笠野秀雄・野村信史「はっか新品種「ほくと」の特性」日本はっか工業組合編『日本の薄荷 — その育種と栽培（1950 ～ 1990）—』日本はっか工業組合、1996、pp.103-112。

中山孟郎・東山龍雄・阪田功・橋詰斌「岡山県産薄荷新品種「しゆうび」について」『香料』97、1970、pp.47-56（日本はっか工業組合編『日本の薄荷 — その育種と栽培（1950 ～ 1990）—』日本はっか工業組合、1996 に再録）。

中山孟郎・松川正行・安藤昭一「暖地ハッカに関する研究」『岡山県立農業試験場臨時報告 第66 号』岡山県立農業試験場、1971（日本はっか工業組合編『日本の薄荷 — その育種と栽培（1950 ～ 1990）—』日本はっか工業組合、1996 に再録）。

NPO 法人 総社商店街筋の古民家を活用する会「堀家ハッカ・プロジェクト」(https://www.soja-kominka.com/hakka.html)。

篠崎英之助「日本産薄荷に就て（其一、続）」『工業化学雑誌』22 (5)、1919、pp.349-382。

土岐隆信「総社の薄荷」『然：総社の地域誌』12、2008、pp.2-7。

矢掛放送株式会社「矢掛の幻の日本薄荷「真美緑」」(https://jmentha.jimdofree.com)。

やかげ観光ネット「矢掛人　矢掛放送株式会社・渡邉真さん」(https://www.yakage-kanko.net/people/111/)。

47NEWS「「幻のハッカ」復活、宿場町の新たな観光資源に「矢掛ハッカ普及会」（第 5 回優秀賞、岡山県矢掛町）」2019 (https://www.47news.jp/4049918.html)。

「ハッカ復活　まちおこしを」『山陽新聞』2011 年 9 月 11 日。

「北海道・北見から"帰郷"栽培ハッカ配布　児島の特養」『山陽新聞』2012 年 6 月 17 日。

（西村　武司）

コラム：日本ハッカ復活プロジェクト

　伝統野菜、在来作物という言葉に、この10年あまりたびたびお目にかかるようになった。しかし、私自身も長年その価値を評価できず、学校教育の中で取り組んでこなかった。

　在来作物の遺伝資源の栽培・加工・販売による継承は、県内での取り組みや情報が少ないことから、スクールプロジェクトの題材に適しているという考えのもと、高松農業高等学校で取り組むことにした。

薄荷への興味から種根入手まで

　岡山の伝統野菜としては、万善カブラ、衣川ナス、備前黒川カボチャなどが知られている。2013（平成25）年2月に、たまたま和種薄荷〈日本ハッカ〉の存在を知ることとなった。

　同年3月、まちづくり活動を行う市民活動団体の元倉敷未来計画（現在の合同会社吉備のくに未来計画）によって、サンロード吉備路（総社市）で薄荷講演会が開催されることを知った。当時の園芸科学科1年園芸セラピー専攻生12名から参加希望を募ったところ、8名の参加希望者があり一緒に受講した。このことがきっかけとなり、実際に本校で薄荷を栽培してみることにした。

　栽培を始めるとなると、最初に種根をどうやって入手するかが問題となった。2013（平成25）年4月に、高校で学校開放講座の一つであるハーブ研修会活用編が開催された。この研修会に参加された社会福祉法人王慈福祉会（倉敷市児島）の高橋聖子氏に薄荷の話をしたところ、「薄荷の種根が施設にあるので、提供等の協力ができる」というお言葉をいただいた。同施設の薄荷は、北海道の北見からの薄荷であった。早速、施設に出向き種根を譲ってもらった。帰校後、根伏せをして増殖した後、校内にある園芸福祉モデルガーデンに植え付け、屋外での栽培が始まった。同時に、生徒と教員がメンバーとなった日本ハッカ復活プロジェクトがスタートした。

　譲り受けた暖地薄荷の品種名は、岡山県で最後に育種された品種「秀美」と

図表 10-5　高農薄荷の収穫風景

いうことであったが、天然薄荷専業メーカーである東洋薄荷工業株式会社（岡山県浅口郡里庄町）で分析・鑑定していただいたところ、秀美とは言えないことが分かった。秀美であれば、ペパーミントに含まれている〈メントフラン〉という成分が含まれている必要があるが、それが存在しないという。そこで、本校で栽培する薄荷を「高農薄荷（たかのう）」と呼ぶことにした。商品化で肝心なことは、秀美であることよりも、"薄荷が何に適するか" という視点であると考えた。高農薄荷は雑味がほとんど無く、スッキリとした清涼感があった。

日本ハッカ復活プロジェクトの取り組み

　薄荷の復活には、如何に "活用するか" が肝心となる。どのような商品を作るか、生徒と話し合った。生徒からは様々なアイデアが出た。最終的に、薄荷に取り組む前から商品化していたハーブティー「かおるん葉（ば）」に加える西洋ミントを、高農薄荷に置き換えることにした。こうして 2013（平成 25）年に、薄荷の商品化の第 1 号が完成した。

　薄荷は、ブレンドハーブティーに清涼感を与え、一層飲みやすくなり、本校の生徒や教職員からの評判がよかった。高農薄荷が、ハーブティーに適した品種だったのが功を奏した。

　ハーブティーに続いて、薄荷紅茶を作ってはどうかという意見が出た。薄荷風味の紅茶として、2015（平成 27）年には商品名「すっきりするっ茶 No.1」、2016（平成 28）年には「すっきりするっ茶 No.2」を商品化した。No.1 は株式会社アーリーモーニング紅茶農園〈紅茶研究家・宮本英治氏〉の紅茶用茶樹の紅茶らしい渋みのある紅茶をブレンドし、No.2 は高校の卒業生が経営する有限会社寿園梶岡製茶工場の緑茶用茶樹の甘みのある紅茶をブレンドし、香り・風味とも異なるものに仕上がっている。

　これらの商品化をきっかけに、生徒たちは新商品開発に対する意欲がかき立てられた。ハッカスカッシュ（炭酸水にハッカエキスを加えた飲み物）、ハッカクッキー、ハッカゼリーを使ったフルーツポンチ、ハッカ寒天、ハッカパン、ハッカドレッシングといった食品のアイデアが、生徒の口から次々と出てきた。また、アロマキャンドル、スプレー、フレグランス、ポプリ、ハーバリウム（植物標本）、バスボムといったハッカの香りを楽しむアイデアも出てきた。高校生ならではの柔軟なアイデアが出てきたものの、園芸セラピー専攻では地域対応の行事が多く、また、予算面の制約もあり、ハーブティー以外の商品化は実現が難しかった。

　2019（令和元）年になり、薄荷地ビールの試験醸造に取り組んだ。これは筆者の案である。ハーブの一つカモミールを使った地ビールがあることを知っていたので、多くの方に薄荷を認知してもらう手段として、地ビールが適当と判断した。地ビールの醸造は、吉備土手下麦酒醸造所（岡山市北区北方）に協力を依頼した。元中国四国農政局長が同醸造所の地ビールがお好きで、うまい地ビールの話を園芸福祉関係の行事の時にお聞きしていた。同氏が退職した次の年、農業教員の研修会の講師をお願いし、そのお礼の意味も込め、講演後、同醸造所で懇親会を数人で開いたことがある。また、娘さんが本校畜産科学科の卒業生であることも知っていた。ダメ元で相談を持ちかけたところ、お金はかからないからと快く引き受けてくださった。同社から地ビール担当の西村耕司氏を3回学校に講師としてお招きし、当時の2年園芸セラピー専攻生13名が薄荷エキスの抽出について学んだ。講師からの助言に基づいて抽出実験を行い、ビールの醸造に最適な薄荷の抽出方法を探った。

　6月下旬、生徒たち13名は同醸造所を訪れ、200L（瓶ビール約600本分）の試験醸造に取り組んだ。生徒たちは未成年であるため、自分たちが醸造した地ビールの試飲はできない。しかし、生徒たちはこの地ビールを飲む人を頭に思い浮かべながら、「鼻にスーッと抜ける薄荷の香りが効いて、美味しい地ビールになってほしい」と期待に胸を膨らませた。他にも、「どんどんやっているうちに楽しくなった」、「薄荷の地ビールなんか聞いたことがないので、どんな事になるのかワクワクする」、「糖度を上げる作業がとても難しかった」と、

図表 10-6　薄荷地ビールの販売実習

醸造を体験した生徒たちはそれぞれのやり甲斐を感じていた。

　薄荷地ビールの商品名として、生徒たちの第一候補は『薄荷麦酒』であったが、麦酒はビールであり、地ビールではないとのことで断念した。最終的には、活動に参加するチームリーダーと副チームリーダーの名前から漢字を 1 文字ずつ取り、「薄荷乃 香（はっか の かおり）」と名付けた。ビール瓶のラベルは生徒たちがデザインし、手描きの商品名だけでなく薄荷の葉のイラストもあしらわれた。ラベルを瓶に貼る作業も生徒たちに手伝わせていただいた。こうして完成した「薄荷乃香」の販売が 8 月 1 日から始まった。

　薄荷地ビールは、酒類販売免許がないと販売できない。そこで、地元の数軒の酒販店で販売してもらった。生徒は、地元商店街の酒販店で、接客を手伝わせていただいた（図表 10-6）。330㎖の瓶ビールが 1 本 500 円で販売された。こうした生徒たち活動は地元の新聞社やテレビ局の取材を受けた。

　さらに認知度を高めようと、岡山市内の飲食店「岡山農業高校レストラン」にも薄荷乃香を置いてもらった。同店には、これまでも本校の生徒が育てた農産物を食材として仕入れていただいていた。11 月 26 日には、同店で岡山県知事や県議会議員等の皆様に試飲いただき、薄荷地ビールの認知度の向上に繋がった。年内には地ビールの在庫がなくなり、一安心できた。

　しかし、課題も見えてきた。地ビールは季節性が高く、5・6 月には販売を開始することが望ましいことが分かった。このためには、冬・春に醸造して、その後、樽で保管しつつ、販売時期を待つのが理想である。また、薄荷地ビールは、販売免許の関係から、校内の「秋のふれあい市」等のイベントで生徒のみでの販売実習はできない。学校で地ビールを販売するためには、酒店等に来ていただく必要がある。薄荷地ビールの購入希望者が多く、10 月下旬の秋のふれあい市より前に完売した。

　薄荷地ビールの商品開発は、生徒たちに創造的な学習活動を提供でき、かつ薄荷の認知度を高めるという点では、一定の成果があった。しかし、消費者ニーズに合った商品開発ができたかという点ではまだまだ不十分である。薄荷は、野菜のような日常的に食する作物ではなく、また、好き嫌いもはっきりと分かれることが、商品開発の面で難易度を高めている。

　薄荷地ビールは、醸造所の生産計画の都合や、新型コロナウィルス感染症の影響により、残念であるが、継続できなかった。

薄荷を通じた連携

　本校では、薄荷を使った商品開発の他に、農場生産物販売の一環として、地域の方々に薄荷苗を販売してきた。そんな中、プロジェクトのホームページをご覧になったNPO法人「総社商店街筋の古民家を活用する会」との薄荷を通じた連携が、2016（平成28）年から始まった。

　不要になった薄荷苗を提供し、結果的に同NPOの薄荷商品となっている。生徒による販売イベントへの参加や、生徒の参加ができない時は、商品と写真パネルの展示を行った。同NPOを通じて、長崎県佐世保市内の一般社団法人チーム俵の「俵ケ浦半島・和ハッカ特産化」に薄荷苗を供給し、現在その佐世保市内の活動も進行形である。また、同NPOは学校のハーブ苗や商品の販売で協力していただいている。

　また、岡山市内にハーブ園を開園している株式会社夢百姓に薄荷の種根を提供した。認知度の向上とともに、県外からも問い合わせが来るようになった。2017（平成29）年には石川県立津幡高等学校に薄荷種根を提供し、さらに2018（平成30）年には、株式会社夢百姓（岡山市東区）との連携による商品化が決まった。夢百姓産の高農薄荷・ドクダミ・スギナの和風ハーブを含むブレンドハーブティーで、商品名をヒンディー語で夢という意味の「SAPANA」とした。ブレンドしているハーブで共通に使用しているハーブは高農薄荷のみで、“女性の身体に優しい”というコンセプトのハーブティーである。その後、夢百姓さんの商品数も増えたため、SAPANAは売り切れ次第、加工・販売は終了予定である。今後も各地域との連携・交流がさらに深まる事を期待してい

る。

　生徒たちの活動を通じて、岡山の在来作物である暖地薄荷の認知度を高め、農業の文化財としての薄荷の活用により、その遺伝資源が県内で保存・活用されていくよう、微力ながら取り組んでいきたい。

（三宅　道治）

執筆者紹介（五十音順）

池原　真
鳥取県職員。第4章担当。

江端恭臣
元岡山県職員。日生カキオコまちづくりの会会長。第8章担当。

大和千秋
広島市職員。第5章担当。

隈元美貴子
山陽学園大学総合人間学部生活心理学科教授。第9章担当。

児玉太一
山陽学園短期大学こども育成学科講師。第3章担当。

建井順子
山陽学園大学地域マネジメント学部講師。第2章担当。

仲田芳人
かのさと体験観光協会事務局長。第6章担当。

藤井久美子
山陽学園大学総合人間学部生活心理学科教授。第9章担当。

松岡さくら
鷺島みかんじまプロジェクト代表・元三原市地域おこし協力隊。第7章担当。

三宅道治
元岡山県立高松農業高等学校指導教諭。第10章コラム担当。

■編著者紹介

澤 俊晴 （さわ としはる）

1972 年生まれ。山陽学園大学地域マネジメント学部准教授。
大阪大学大学院法学研究科博士前期課程修了・政策研究大学
院大学政策研究科修士課程修了。広島県職員を経て 2018 年
から現職。専門は地方自治論、政策法務論。著書に『都道府
県条例と市町村条例』（慈学社）、『自治体職員のための文書
起案ハンドブック増補改訂版』（第一法規）など。第 1 章担当。

西村武司 （にしむら たけし）

1975 年生まれ。山陽学園大学地域マネジメント学部准教授。
京都大学大学院農学研究科生物資源経済学専攻研究指導認定
退学。京都大学博士（地球環境学）。2018 年から現職。専門
は農業経済学。第 10 章担当。

事例に学ぶ地域づくり

2021 年 4 月 30 日 初版第 1 刷発行

■編 著 者──── 澤 俊晴・西村武司
■発 行 者──── 佐藤 守
■発 行 所──── 株式会社 大学教育出版
　　　　　　　　〒 700-0953 岡山市南区西市 855-4
　　　　　　　　電話（086）244-1268 FAX（086）246-0294
■印刷製本──── モリモト印刷 ㈱

ISBN978 − 4 − 86692 − 130 − 3